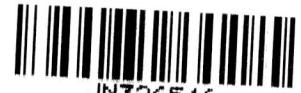

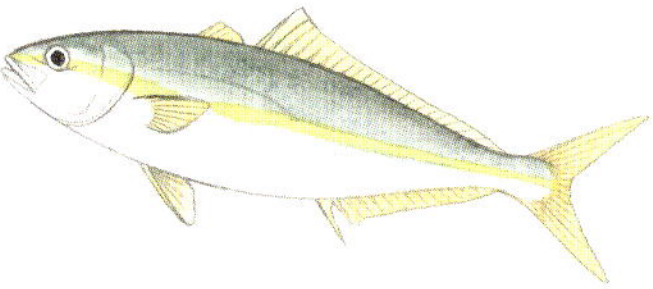

はじめてでもよくつれる！

つり堀の教科書

つり堀攻略BOOK

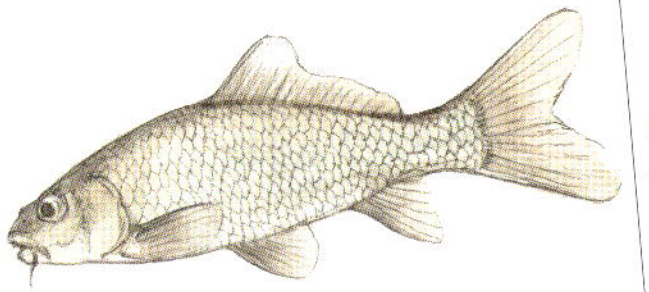

室内つり堀
屋外つり堀
海上つり堀
管理つり場

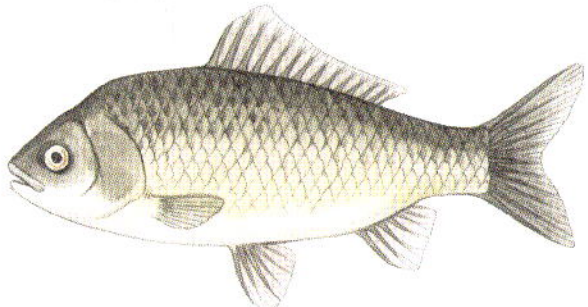

上田　歩

土屋書店

はじめてでもよくつれる！
つり堀の教科書

あるようでなかった！
「つり堀攻略」BOOK

はじめに

今、つり堀にハマっている。ただし、年間 365 日
というわけではなく、ちょっとした
理由があるときだけ“ハマリ時期”に突入する。
考え事やボーっとしたいときがボクのハマリ時期。
ボクと同じくボーっとしてる人、缶ビールやカップ酒片手にいる人、
ノーネクタイのスーツ姿の人等…いろんな人たちがいる。
確かに真剣なつり人もいるけれど、悩み事があろうが、
酔っ払っていようが、条件はみんな同じ。
なぜなら、つり堀には、つれる魚がたくさんいるからだ。
だから、何かを求めて、何かをしながらつりをするために、
人はここに集まってくるのだろう。

上田 歩

CONTENTS

CONTENTS

はじめてでもよくつれる！つり堀の教科書・・・CONTENTS

PART 1

ようこそ、つり堀の世界へ

知らないなんてモッタイナイ！ こんなに楽しいつり堀の魅力

近所につり堀があるなら、
まずは、ふらっと出かけてみよう
手ぶらで構わないし、
必ずサカナがいるから、
楽しくのんびり遊べるはず。

つりのおいしいトコだけ
楽しめるのが、つり堀の魅力

ようこそ、つり堀の世界へ

好きな人じゃなければ、つりって、とても面倒な遊びですよね。細かい道具がいっぱいあるし、生きたエサは気味が悪くさわるのも大変。それに加えて、つりをするにはサカナのいる場所（多くは遠方）へ出かけなければなりません。ところが、つり堀なら、そんなマイナス要素を気にすることなく、思いのままに、つりを楽しむことができるんです。

つり堀の「つり」は、ふつうの「つり」とちょっと違うんです

手間とお金がかかるレジャーにもかかわらず、サカナがつれないときも多い…。一般的なつりのイメージといえば、こんなふうに思う人も多いですよね。ところが、つり堀のつりは、それとはちょっと違うメリットがいっぱいなんです！

★つり堀の３大メリット

つり堀の3大メリット 1 道具がいらない▶だから、おサイフにやさしい

必要な道具は、ほぼすべてレンタル可能なのが、うれしい！

最近では、初心者の方をはじめ、数多くの人たちに、気軽につりを楽しんでもらえるよう、室内、屋外のつり堀はもちろん、海上つり堀や管理つり場など、ほとんどのつり堀で道具が低価格でレンタルできます。

つり堀の
3大メリット
2

身近にある▶だから、移動に疲れない

つり堀は街中に
いっぱい。
わざわざ遠出をする
必要がない！

たまには遠出も楽しいけれど、ゆっくりしたい休日に、のんびりとつりができれば最高！よくみると、そんな願いをかなえてくれるつり堀が、繁華街や住宅街にも増えています。

つり
つりぼり
BAKERY

つり堀の
3大メリット
3

必ずサカナがいる▶だから、つれる確率が高い

つり堀の
サカナたちは、
元気いっぱい
やる気満々！

自然のなかでつりをしていると、「ここにサカナがいるのかな？」と、その気配を感じられないことがあります。その点、つり堀には必ずサカナがいるので、そんな不安などなく、つりに集中できるのはいいですね。

いるのかな？いないのかな？

必ずアタリがあるはずだから、
ウキに集中していればいい

つり堀なら、ちょっと立ち寄る感覚でつりが楽しめる

つりを含むアウトドア全般は、それを楽しむための時間をねん出しなければなりません。ある意味、これは現代人にとっては苦痛をともなう作業でもあります。しかし、“つり堀”にそんなことは一切不用。時間のあいたとき、予定がキャンセルになったとき、何か違う刺激がほしくなったとき、ちょっと立ち寄る感覚で手軽につりという遊びができるのです。

★つり堀って結構いいよね

つり堀って結構いいよね 1

悪天候による突然の予定変更だって強い！

室内のつり堀なら突然の雨でも平気！悪天候のときの強い味方

休日の楽しみが悪天候で変更。といっても、住まいが都会や街なかだと、選べる遊びは限られてしまいます。そんなときは悪天候でも平気な室内つり堀に行きましょう。都心にもあるし、テーマパークにも負けていません。

つり堀って
結構いいよね
2

アフター５もＯＫな、
都会のオアシス＆憩いの場

平日の会社帰りだって楽しめる
つり堀でストレスを解消しよう！

飲むだけのアフター５では、サイフにもカラダにも悪いので、ときには趣向を変えて、ただただウキを見つめましょう。でも、ボーッとしているのとは違います。サカナ相手のつりはリフレッシュ効果バツグンです。

つり堀って
結構いいよね
3

海や渓流観光に
プラスアルファで気軽に楽しめる

海や渓流の観光つり堀なら
ついで感覚で気軽に楽しめる！

せっかく海や川まで来たのに、海水浴や川遊びだけではもったいないです。海には海上つり堀があり、山には管理つり場があります。海水浴やキャンプに出かけたなら、いつもより欲張って、もっと楽しみましょう。

つり堀は、つりの醍醐味を手軽に体験できるステージ！

趣味にしている人でも釣果を上げるのが難しい、いろいろなつりの醍醐味を手軽に体験できるのが、まさにつり堀の楽しさ。だから未経験者でも歓迎！　いますぐはじめられるのがいい。

★だから、こんな人たちに最適

◆つり入門者

つりはまったく初めて、というひとにおすすめ！

つりを趣味にしたいと思っても、何からはじめればいいかわからない…。そんな入門者にうってつけの場所がつり堀です。常連のベテランさんからいろいろ教えてもらえることがあるかもしれません。

◆ファミリー

未経験だけど、レジャーとして楽しみたい、家族にぴったり！

家族レジャーとして、つりに挑戦したいと思うなら、まずは、気軽に楽しめるつり堀で、つりの醍醐味を体験しよう。

★バリエーション多彩な、いまのつり堀

つりと一言で言っても海あり、川あり、山の渓流ありとさまざま。それと同じぐらい、現代のつり堀はバリエーションが多彩。その一部を紹介します。

難易度の高いコイづりも、つり堀なら手軽に！

「一日一寸」と言われるほど難しいコイづりも、つり堀なら意外とかんたん。ふつうなら容易に体験できないコイならではの強いアタリ（ウキに出る反応）や引きが堪能できます。

アフターフィッシングも楽しみな海上つり堀のタイづり

船で沖へ出て、船頭さんの厳しい指導のもとでつるタイづり。その点、海上つり堀ならスタッフがやさしく指導してくれるから初心者でも安心です。

沼の管理つり場なら、バスフィッシングも堪能！

最初の１匹をつるまでが難しいルアーでのブラックバスづり。沼を利用した管理つり場なら、そんなバスフィッシングの醍醐味を最短時間で堪能できます。

すがすがしい渓流の管理つり場でフライフィッシング

自然の渓流にある管理つり場は、趣味でフライフィッシングを楽しむ人たちに人気の場所。もちろん、初心者にもやさしく指導してくれます。

かんたんなウキづりだけで、いろんなサカナをゲットできる

つりには、魚種やその棲む場所によって、つり方が異なる場合があります。でも、基本となるのが、“ウキづり”。このつりだけで、つり堀のサカナをつることができます。つまり、サカナが絶対にいることプラス、かんたんにつることができるんです。

★だから、女性でも楽しめる！

つり堀で女子会、アリかも

最近は「つりガール」も増えてきたけど、かんたんなウキづりだけのつり堀は、まさに女性でも気軽に楽しめる場。つれなくても、十分、話に夢中にもなれます。

★つり堀だからこそできるウキづりメニュー

つり堀には必ずサカナがいます。ですから、サカナを誘うための難しい仕かけや複雑なつり方は必要ありません。基本のウキづりだけで十分楽しめます。

かんたん！だから、ママと子どもだけでもOK

自然相手の本格的なつりは、ママだけではちょっと不安です。でも、つり堀なら、いたってシンプルなウキづりだから安心。1本のサオを順番に使うと楽しいものです。

海上つり堀もウキづりで楽しめる 高級魚がつれちゃうからおもしろい！

タイ、シマアジ、カンパチ、ブリ。こんな高級魚がウキづりでかんたんにつれます。家族やカップル、グループなど、できれば大勢で楽しみたいものです。

難しい渓流でも管理つり場なら 基本のウキづりでOK！

渓流のメイン釣法は難易度の高いミャクづりやフライフィッシングです。でも、管理つり場なら、基本のウキづりで攻めるのもアリ！気軽に楽しめます。

人気のヘラブナつりは ウキづりでつるのが王道！

川や湖に生息するヘラブナつりの釣法は、つりの基本のウキづりのみです。つまり、上級者も初級者もなく、奥深く楽しめます。

★つり堀のタイプを知ろう❶

オールシーズンOK！
雨でも大丈夫な室内つり堀

近年、人気を盛り返してきて、増えはじめている「室内つり堀」。理由はいろいろありますが、なんといっても、ゲーム感覚でつりを楽しめるのがいちばんでしょう。つったサカナの種類や大きさによって換算されたポイントを貯められるシステムのつり堀も登場。貯めたポイントでマイつりザオに交換できるなど、つりが一層楽しくなる工夫がいっぱいです。

★つり堀のタイプを知ろう❷

狙うはキンギョ、ヘラブナ、コイ 昔ながらのなつかしい風景がいい

屋外つり堀

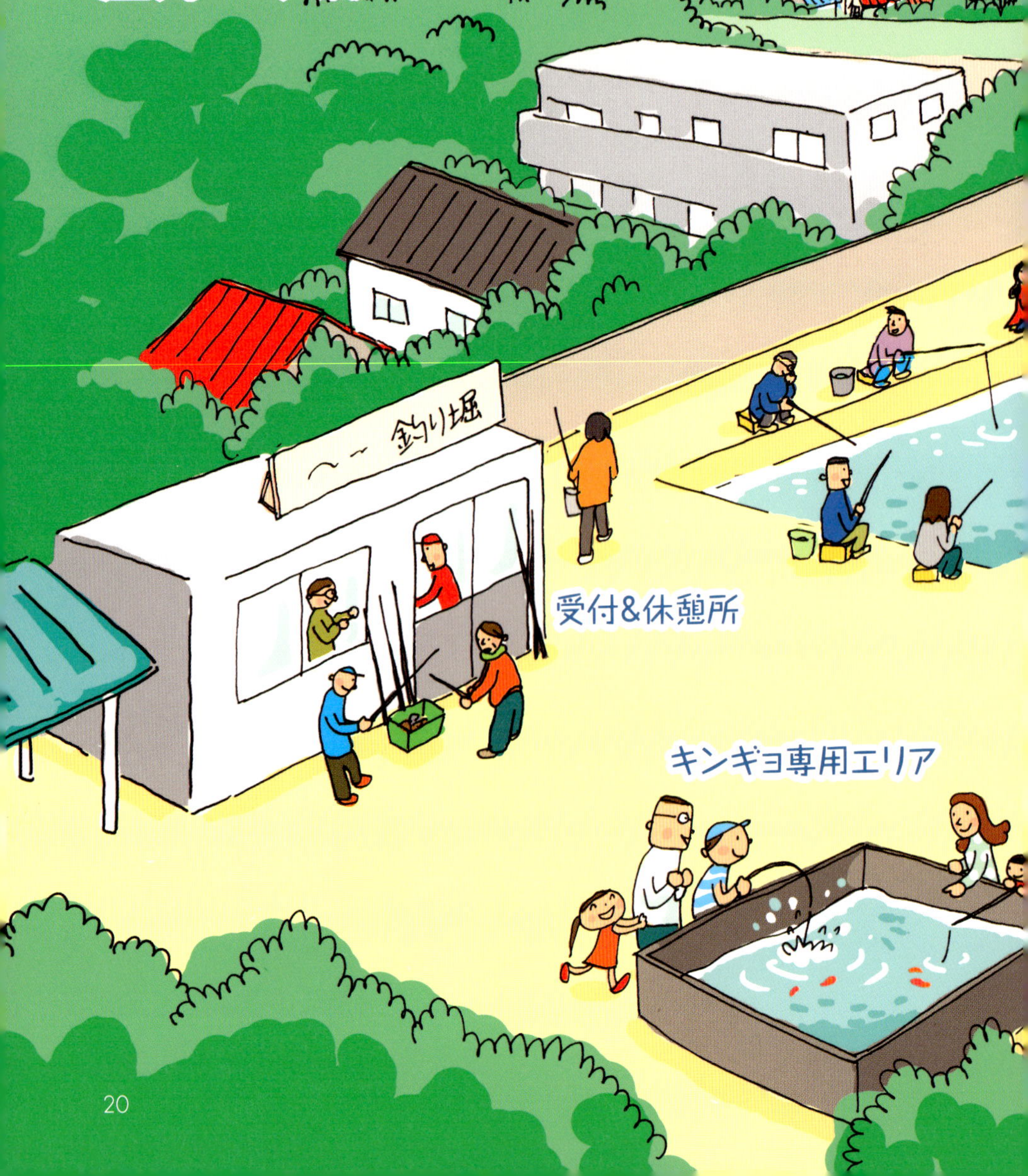

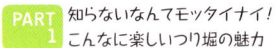

つり堀と聞いて多くの人が想像するのは、やはり「屋外つり堀」でしょう。太陽と青空の下、そよぐ風を感じながら、自然に近い環境でつりが楽しめる、子どもからお年寄りまでが気軽に集うことができる、昔ながらの風情あるステージです。キンギョやコイなど、いろいろなサカナがつれる所が多いですが、屋外つり堀りの人気ナンバー1といえば、繊細なつりが求められるヘラブナ専用のつり堀でしょう。

近年人気を博している「海上つり堀」です。対象魚の豪華さはもちろん、かんたんで、しかもたくさんつれることが最大の理由なのです。主なターゲットは、マダイやハマチ、シマアジ、カンパチなどの高級魚。普通ならベテランのつり師でも悪戦苦闘するサカナを、約20メートル四方の生け簀で狙えるのだから、大興奮すること間違いなしです。

★つり堀のタイプを知ろう④

アウトドア満喫度ナンバー１
自然の渓流を活用した管理つり場

自然体感度では海上つり堀も魅力的ですが、山々に囲まれた自然の渓流を活用した「管理つり場」ほど、アウトドアを満喫できるつり堀は他にないでしょう。管理つり場の最大の魅力は、何と言っても、つったサカナをその場でBBQなどにして食べられるところ。なかにはキャンプ場を併設施設も。街から少し離れますが、それだけの価値がある“つり堀の仲間”です。

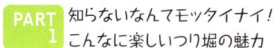

都市部から
クルマで出かけられる
距離にあるのが便利
すべての道具を
レンタルできる施設もあるので、
手ぶらで行っても大丈夫

★つり堀のタイプを知ろう⑤

意外な場所にも続々増殖中！
変わりダネつり堀

最近では、居酒屋やゲームセンターなどに併設された「変わりダネつり堀」が登場。昔の縁日と同じ“ ひっかけづり方式”だけでなく、ハリにエサをつけるつりもあります。居酒屋ではつったサカナをその場で調理してくれるし、ゲームセンターでは景品と交換するなど工夫をこらしています。

変わりダネつり堀 1
居酒屋つり堀

大型店には付き物の大型水槽。これを利用したのが、居酒屋つり堀のはじまりです。海のサカナはもちろんですが、イカやエビだけでなく、なかにはサザエやアワビをつらせる？ 店もあるそうです。

※イラストはイメージです。

居酒屋つり堀のコツのコツ

居酒屋といえども、サカナをつることに違いはない。ただし、場所が場所なだけに一般のつりのコツとはちょっと違う、ここだけのユニークなコツのコツをくつか紹介しよう。

コツのコツ その1 サカナがかかったら、すぐに店員に知らせる

取り込みまで行うのが、つりの本分。しかし、居酒屋ではちょっと違います。サカナの取り込みの全ては店員さんにまかせましょう。

フロアにはすぐに対処できるよう、取り込みのための大網を手にした店員が必ず待機してくれている。

❶の失敗例

居酒屋つり堀のターゲットは、無駄に元気（活き!?）のよいサカナばかり。へたに取り込みなどしたら、服装だけでなく、座敷までびしょ濡れになってしまう。決してカッコなどつけぬこと。

コツのコツ その2 常に会計を想定する

居酒屋つり堀でつったサカナは、全て別会計になります。それどころか、店によっては料理の仕方を指定するとそれも料金に加算されるため、店のシステムを必ず確認しておきましょう。

❷の失敗例

そもそも、常に財布の中身と相談しながら盃を酌み交わすのは得意なはず。しかし、そこがつりの恐ろしいところ。つい楽しくて、たくさんつり過ぎてしまうのだ。

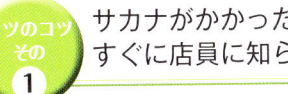

★つり堀のタイプを知ろう⑤

意外な場所にも続々増殖中！
変わりダネつり堀

変わりダネつり堀 2 ゲームセンターつり堀

趣味のつり人からは「けしからん！」とおしかりを受けそうなつり堀ですが、見方を変えれば、それだけつりが今でも人気があるという証拠。サカナなどの生きものに対し、大切に思う心を育てる場として活かしてほしいものです。

変わりダネつり堀 3 縁日つり堀

つれるのはコイやキンギョ。変わったものではウナギやライギョも。縁日には昔からエサを使わない。“引っかけづり”という出店がありましたが、最近では、エサを使ってつらせる出店も増えています。

PART 2

超かんたん
これだけあれば、つりは楽しめる

知ってるようで知らない、つり堀の基礎知識

つり堀のつりは、
つりの基礎的な知識とテクニックさえ
マスターしておけば大丈夫。
細かい専門知識がなくたって
十分楽しむことができるんです。

つり堀では、誰もが条件はいっしょだからあれこれ考える必要はなし！

つりには超初心者がその日いちばんの大物や数をつってしまう“ビギナーズ・ラック”があります。特につり堀はその宝庫。なかでも子どもの爆釣が目立ちます。無垢な心でスタッフや大人のアドバイスを素直に聞き入れるからなのでしょう。

つれる人と、つれない人の差って何？

**つり堀ではスタッフの存在は絶対
必ず聞く耳を持とう**

スタッフがアドバイスをしてくれたら、迷うことなく忠実に従おう。なぜならスタッフは、誰よりもお客さんには喜んで帰ってほしいと願っているのですから。

つり堀サイドストーリー

オタク青年とベテランつり師

つり堀はすべての人が平等に同じ条件。世代を越えた交流もたくさん生まれています。このストーリーのような場面も実際に数多く見られる素敵な場所、それがつり堀なのです。

見るからにベテランの
“シブイ”つり師

人生の半世紀をつりに捧げてきたつり師。数々の大魚をつり上げたが、終《つい》のフィールドはつり堀と決めている。

見るからにビギナーの
“オタク”青年

1日1回の散歩を日課にしている青年。その延長でつり堀にも通うようになった。現在、人生を模索中である。

条件はみんな同じ
だから
人々はここに集う

◆何の気兼ねもなく、誰とでも心を通い合わせられる場所。ベテランつり師がこのフィールドを好きになったのがよくわかる。

◆社会に対し、孤立感を抱いていた青年。世代を越えたコミュニケーションが、きっとひとつのきっかけになってくれるはず。

◆ふだんの生活環境では、間違いなく接点のない2人ですが、つりを通して競い合うことで、ゼネレーションギャップも少しずつ狭まっていくはずです。

基本はすべてレンタルだけどあると**便利な道具**

つりをはじめようとしたとき、初心者は道具の多さにびっくりです。でも、つり堀ならそんな心配はありません。エサも含め、道具はオールレンタルできるからです。また、つりには“六物”という言葉があります。うれしいことにこの基本となる道具でつり堀は、楽しむことができるのです。

★シンプル＆かんたん道具と使い方ガイド❶

◆つりの基本道具は“六物”（ろくぶつ）

つりには“六物”といって、サオとイト、ウキ、オモリ、ハリ、そしてエサを用意すれば楽しめます。

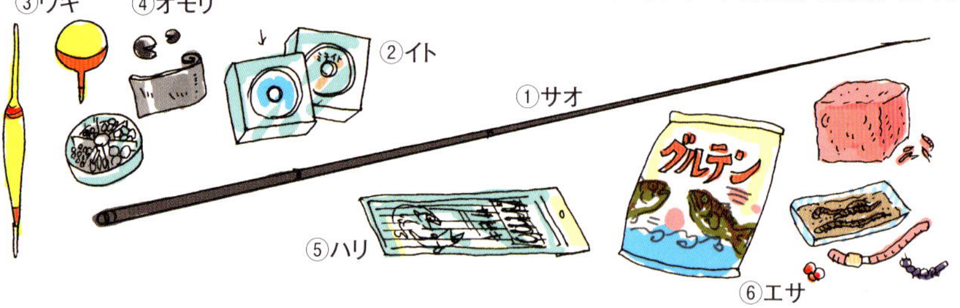

●つりと聞くと……こんなつりをイメージしてしまうかも

ブルーマリーン（カジキ）のトローリング

ブラックバスのルアーフィッシング

でも、つりの基本はやっぱりウキづり。その基本だけでつり堀は楽しめる

◆ “六物”以外に必要なもの

つり堀の場合、基本的にはすべてレンタルできるため、クーラー以外は、あえて用意する必要はありません。ここで紹介するものは日用品ばかりですが、あるととても重宝するものばかりです。

服装

季節に合わせた普段着で十分。ただし、日差しの弱い季節になっても帽子は必ずかぶること。振り込みの際、ハリなどから頭を守ってくれる。

クーラーボックス

つったサカナを持ち帰って食べるなら、これは必須のアイテム。出発時は飲み物や弁当、つりエサなどを保冷。帰りはたくさんの氷水を加えれば、戦利品を安全に持ち帰ることができる。

行きのクーラーの中身

帰りのクーラーの中身

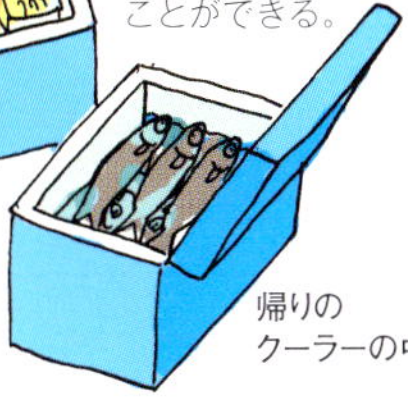

ハサミ

できれば、つり用の小型のものを用意しよう。使いやすく、ちょっとした仕かけの直しもできる。

軍手

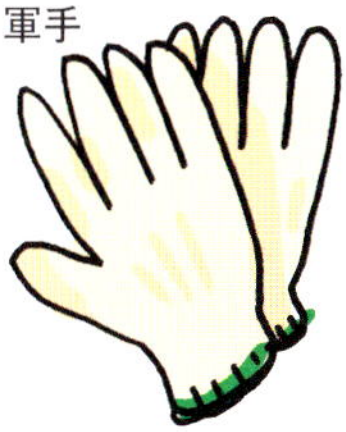

サカナをさわるときなどとても便利。サカナの表面のヌルヌルはとてもつかみにくいからだ。

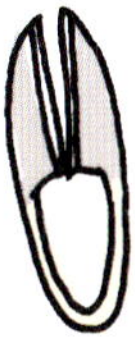

タオル

つり堀といえどもそこには常に水がある。ひとり最低でも2枚は用意しておきたい。

ウエットティッシュ

除菌タイプのものが何かときでも安心して使える。その用途はとても広い。

ラジオペンチ

つり専用のプライヤーもあるが、なくても家庭用の工具箱にあるもので十分。

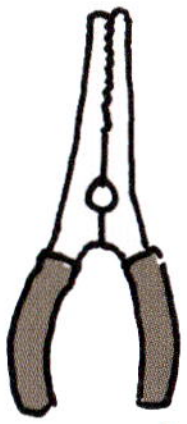

防寒着

季節によっては用意すること。ダウンベストは両腕が自由に使えるおすすめの防寒着。

レインジャケット

屋外つり堀の場合、天候が急変しても対処できるように用意しておこう。空模様を気にしながらでは、つりに集中はできない。

サカナの口からハリを外すときに、大活躍してくれるはずだ。

★シンプル&かんたん道具と使い方ガイド❷

知ってるだけでぜんぜん違うつり堀に必要なウキとオモリの基礎講座

サカナをつるためのものを“仕かけ”といい、つりイトにウキやオモリ、ハリなどで作られたものを“ウキづり仕かけ”と総称します。ウキづり仕かけは仕かけの基本なので、理解しておけば、サカナの動きに合わせた「つれるつり」を展開しやすくなるばかりか、つり堀チャンピオンになれる日がグッと近づくことまちがいなしです。

●ウキの基礎講座

つりは、水中のサカナと陸の人間との攻防戦。その攻めどきと防ぎどきを、かんたん、かつ、わかりやすく教えてくれるのがウキなのです。

◆つり堀で使うメインのウキは４種

玉ウキ

もっとも一般的なウキで、使いやすいのが特徴。

環付きウキ

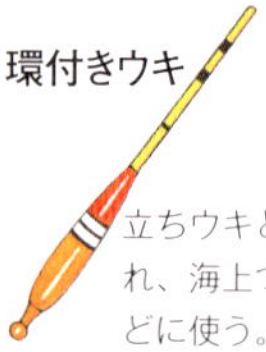

立ちウキともいわれ、海上つり堀などに使う。

棒ウキ

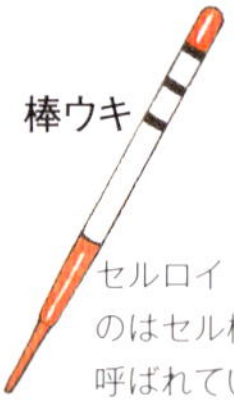

セルロイド製のものはセル棒ウキと呼ばれている。

ヘラウキ

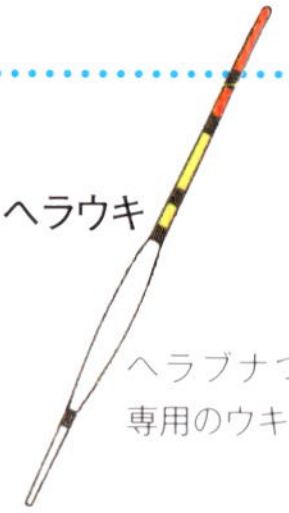

ヘラブナつり専用のウキ。

◆「タナをキープする」って何？

“タナ”とはサカナのいる層のことで、「タナをキープする」とは、サカナのいる層にエサを保持することを意味します。

A　濁っているときや水温が高いとき
B　水が澄んでいて水温が低いとき

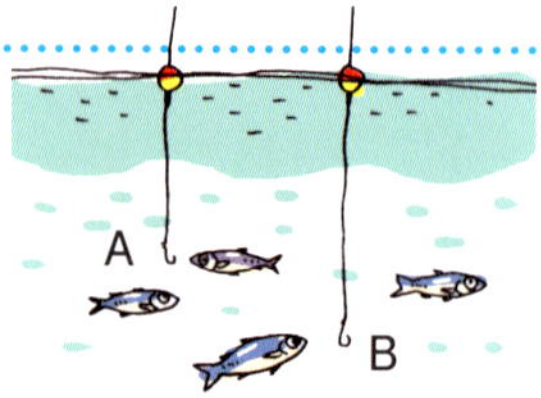

◆「アタリにアワセる」って何？

“アタリ”とはウキや手元に伝わるサカナがエサを口にしたときの反応のことで、“アワセ”とはサカナの口にハリをかける動作を示しています。つまり、サカナの動きに対してサオを操作することを「アタリにアワセる」と表現しています。ウキに反応があるのに、アワセられないときはウキ下を調整します。

A×　アタリの反応が速すぎるとき、ウキ下を5㎝短くする
B○　前アタリから静かにウキが沈み込めば調整が成功
C×　アタリの反応が速すぎるときは、ウキ下を5㎝長くする

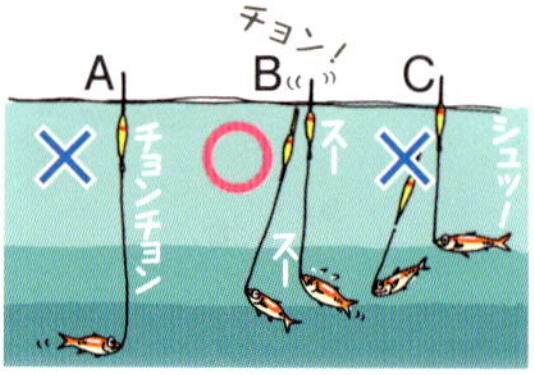

◆浮力はオモリで調整します

浮力が抑えられ、サカナが警戒なくエサに食いつく。

軽すぎて、アタリが明確でなく水の動きに左右される。

◆タナにアワセるウキ下の調整

つり始めのとき、つり堀では底を狙い、一般のつりでは中層（水面から底までの中間にあたる水深）に的を絞って狙ってみる。もしもアタリがないときは、34ページの「タナをキープする」を参照してください。

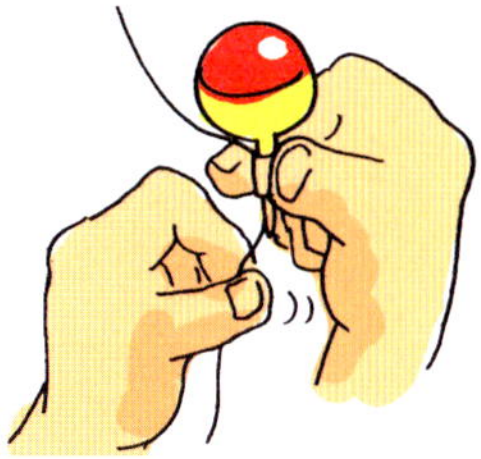

●オモリの基本講座

六物のなかで地味な存在のオモリ。しかし、①仕かけをポイントに送り込む②エサを水中に沈める③エサをタナにキープといった大切な役割があります。

◆オモリの作り方

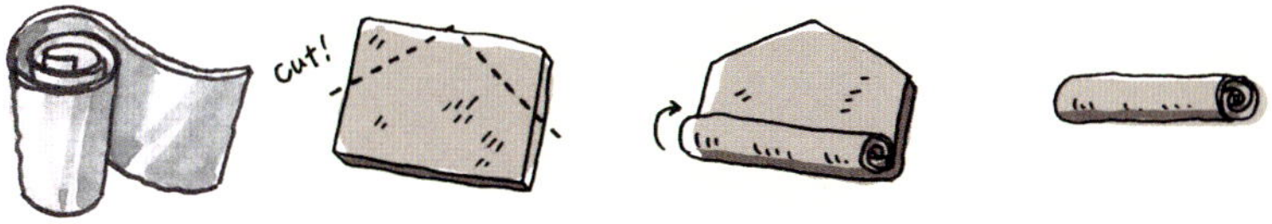

①ハサミで図のように五角形にカットする。

②幅のあるほうにハサミの刃をあてて角を作る。

③角からくるくる巻いて、中心にできたすき間にイトを通す。

◆オモリの役割

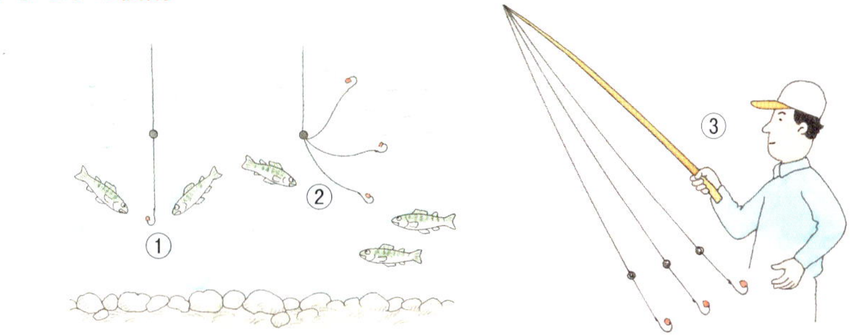

①ポイントにエサを正確に留める。

②サカナのいるタナまで、エサを正確に送り込む。

③仕かけをポイントへ正確に振り込む。

★シンプル&かんたん道具と使い方ガイド③

仕かけの仕組みを知るだけで釣果が上がる、つり堀に必要な仕かけの基礎講座

「エー、仕かけが作れなきゃ、つり堀へ行けないの?」という声が聞こえそうですが、もちろん、仕かけを含め道具はすべてほとんどのつり堀でレンタルできます。でも、つれる仕かけとなると目利きが必要。そこでここでは、基本的な仕かけの作り方を学びます。

【基本中の基本、“ウキづり仕かけ”の各部の名称とその作り方】

●仕かけ

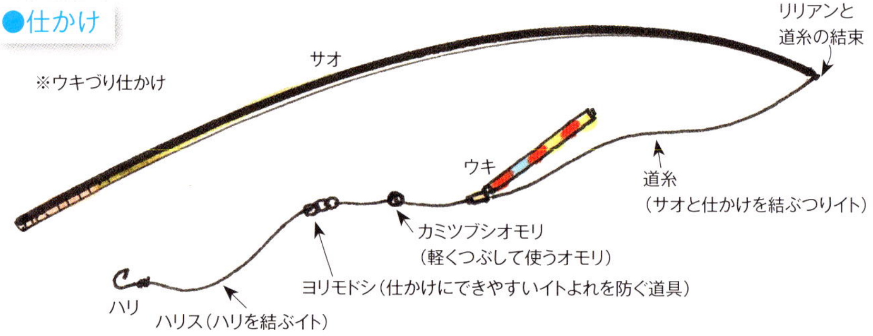

◆仕かけはこんなふうに作られている

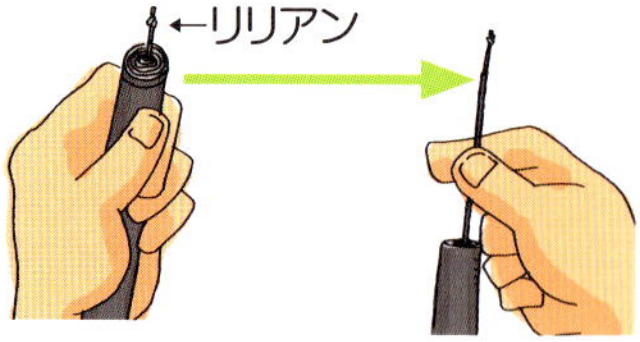

手順❶ サオを伸ばしす

①キャップはずすとサオ先のリリアン(道糸を結ぶ部分)が出てくる。

②リリアン、または穂先をつまんで、サオを穂先から順番に伸ばす。

手順❷ リリアンと道糸を結束するための輪を作る

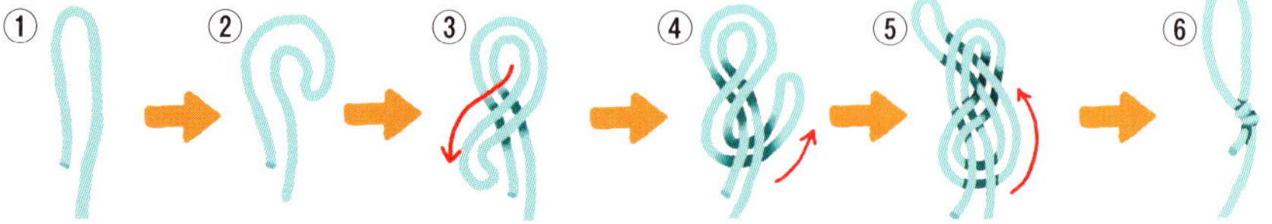

①イトを5cmくらいの長さで重ねる。▶ ②重ねた部分で輪を作る。▶ ③上から重ねた部分は指で押さえる。▶ ④できた輪に下から先を通す。▶ ⑤短い先がぬけないように→方へ引いて締める。▶ ⑥完成

手順❸　輪とサオのリリアンを結束

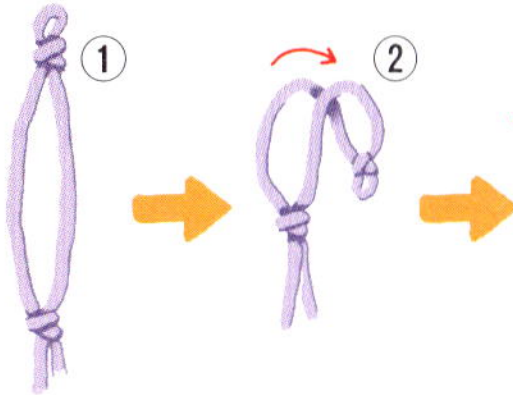
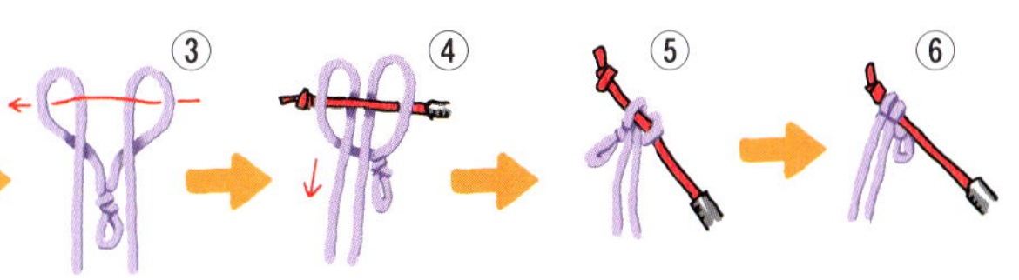

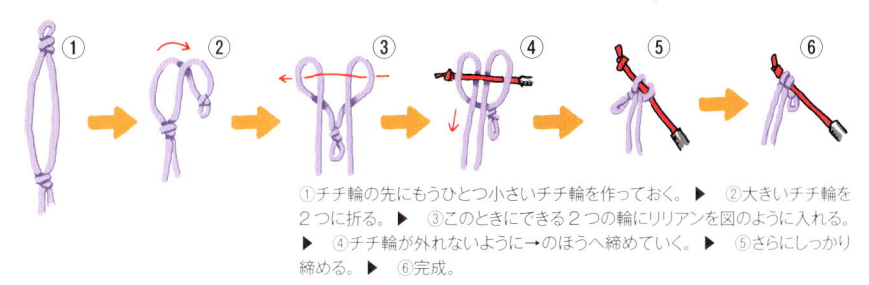

①チチ輪の先にもうひとつ小さいチチ輪を作っておく。▶　②大きいチチ輪を2つに折る。▶　③このときにできる2つの輪にリリアンを図のように入れる。▶　④チチ輪が外れないように→のほうへ締めていく。▶　⑤さらにしっかり締める。▶　⑥完成。

手順❹　サオを伸ばしていく

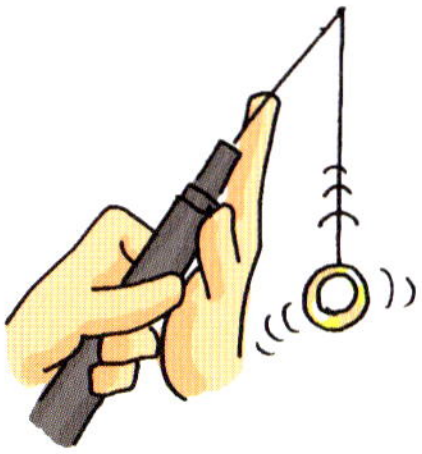

道糸をイト巻きから引き出しながら伸ばす。正確な長さがわかりやすい。

手順❺　ウキを固定するためのゴム管をセット

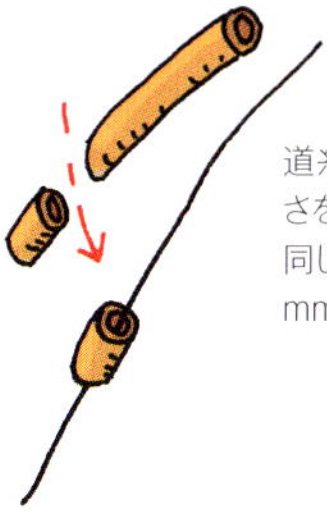

道糸を適当な長さ（ハリスの長さをたして全体の長さはサオと同じくらい）に切ったら、やく5mmにカットしたゴム管を通す。

手順❻　ヨリモドシと道糸の結束

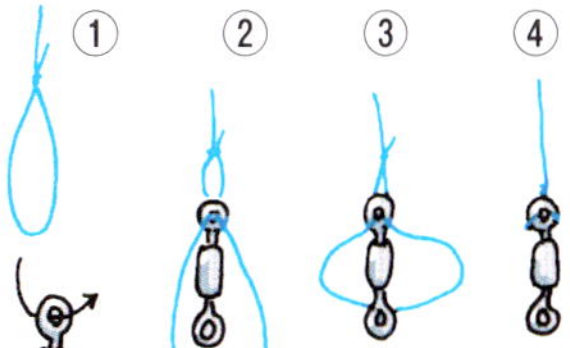

ゴム管を通した道糸の先にチチ輪を作り、ヨリモドシの環と結束する。

手順❼　ヨリモドシとハリスの結束

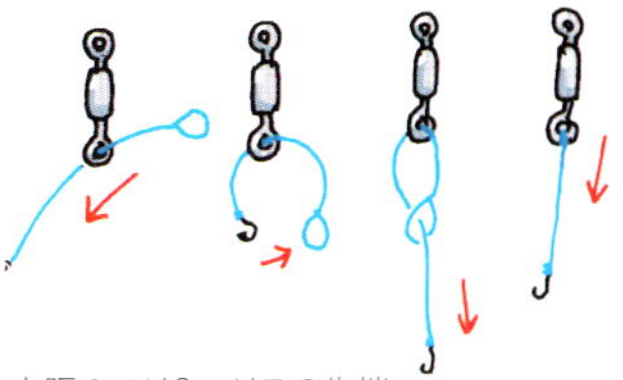

市販のハリ&ハリスの先端にチチ輪を作り、ヨリモドシの下の環と結束する。

手順❽　オモリを付ける

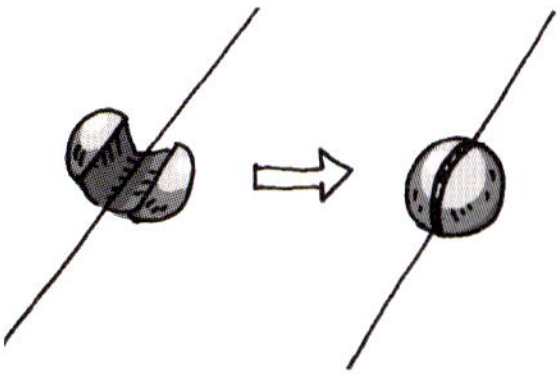

カミツブシオモリを道糸にはさんで付ける。

手順❾　サオを押さえる

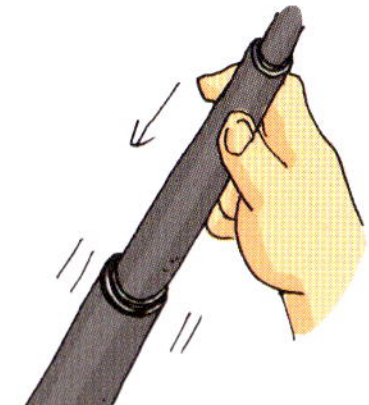

手元から順番に縮めていく。

手順❿　仕かけを仕かけ巻きに回収、完成

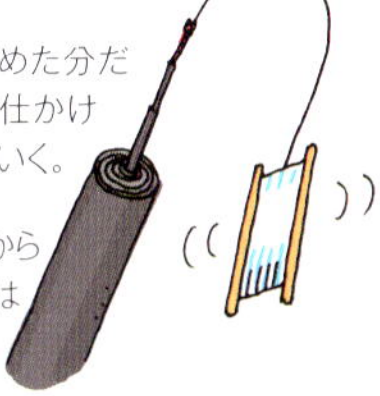

サオを縮めた分だけたるむ仕かけを巻いていく。

リリアンから道糸をはずす。

★シンプル&かんたん道具と使い方ガイド❹

基本中の基本
“送り振り込み”をマスターしよう

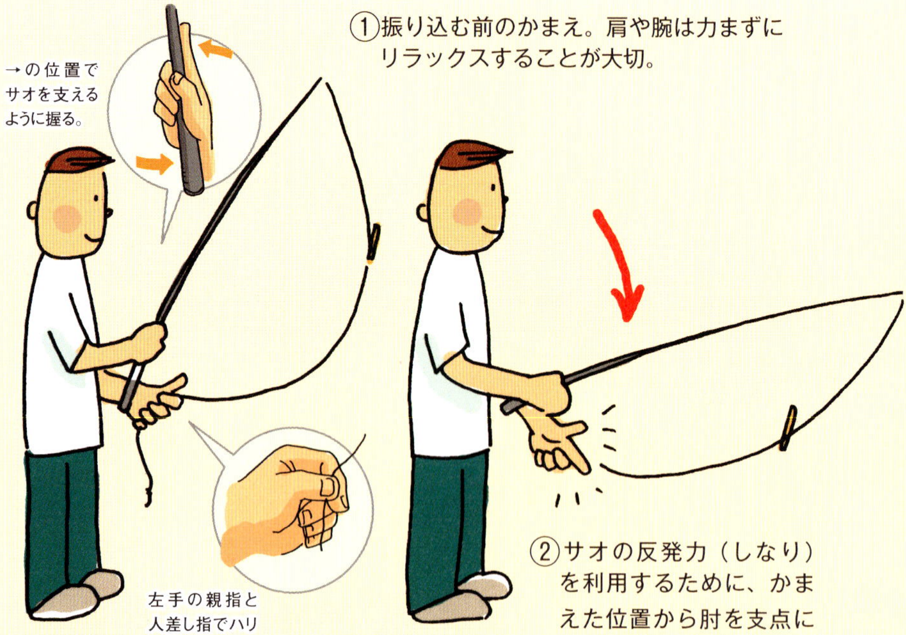

左手の親指と
人差し指でハリ
スを軽くつまむ。

①振り込む前のかまえ。肩や腕は力まずにリラックスすることが大切。

②サオの反発力（しなり）を利用するために、かまえた位置から肘を支点にサオを下げます。

◆サオの振り方の悪い例

つり堀の大切なルールに“決められたエリア”があります。自分の決めたつり座の正面がこのエリアになるので、十分注意しましょう。

やっちゃダメ！その①
仕かけを振り回す

一般のつりでは、“たすき振り込み”などのサオの振り方がありますが、つり堀では自分のエリア（つり座）から仕かけが出てしまうのでダメ！　禁止です。

狙ったところへ仕かけを正確に投入することは、一般のつりでもつり堀のつりでも重要です。つりイトにウキやエサの付いたハリを、サオで操るのは、初心者には高いハードルです。でも大丈夫。つり堀では１種類のサオの振り方を覚えれば、ほぼすべてのつり堀に対応できます。

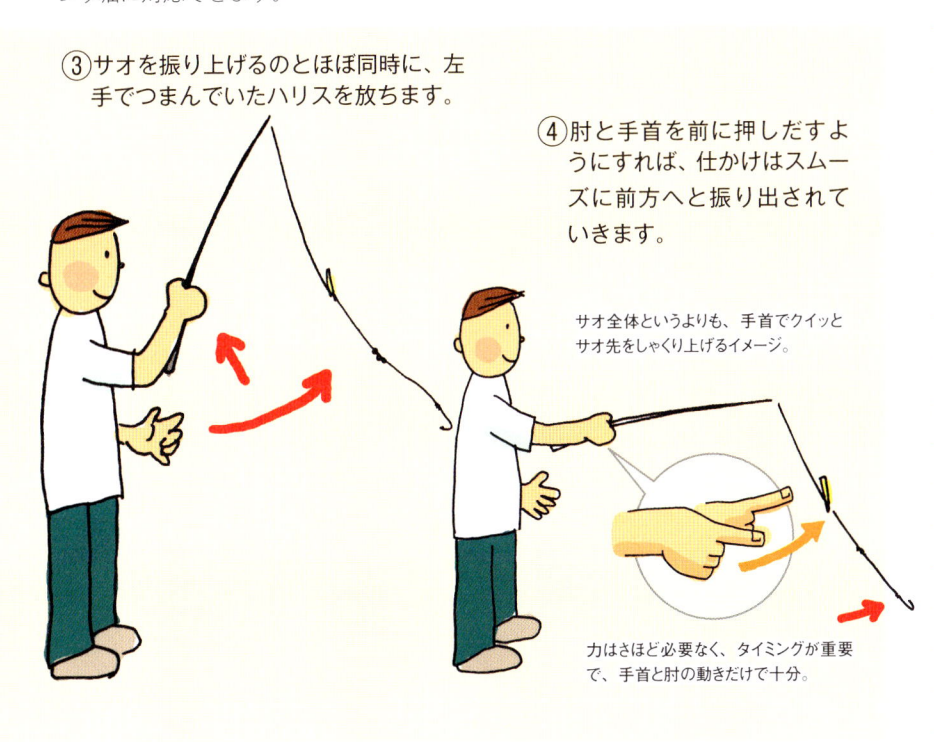

③サオを振り上げるのとほぼ同時に、左手でつまんでいたハリスを放ちます。

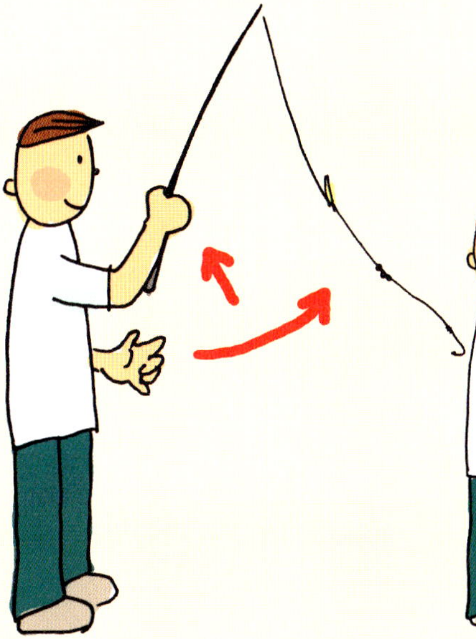

④肘と手首を前に押しだすようにすれば、仕かけはスムーズに前方へと振り出されていきます。

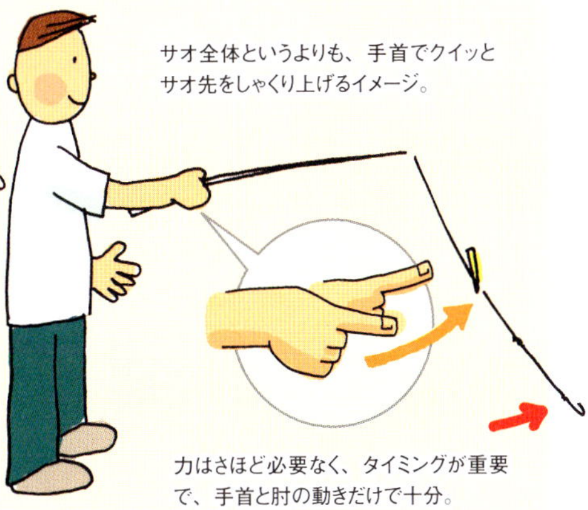
サオ全体というよりも、手首でクイッとサオ先をしゃくり上げるイメージ。
力はさほど必要なく、タイミングが重要で、手首と肘の動きだけで十分。

やっちゃダメ！その②

エリアの外をつってしまう

仕かけを正確に自分の前（自分で決めたつり座の正面エリア）へ投入できないと、他の人のエリアを侵害してトラブルになってしまうのでダメ！禁止です。つれそうだからと、他の人のエリアへ斜めに振り込むなどは絶対ダメです。

★シンプル&かんたん道具と使い方ガイド❺

どうやって
サカナをつる?
アタリとアワセ

たくさんのパートからできているつり。なかでも仕かけ投入後に起こるアタリとアワセがもっとも重要。アタリは“魚信”ともいい、サカナがエサに食いついたときの反応で、アワセとはその反応を見て行う、サカナの口にハリをかけるための動作を意味しています。

●アタリってなに?

ウキにちょっと反応があったからといって、アタリ(本アタリ)とは限りません。最初の些細なウキの動きを前アタリ(エサの端を突つくような反応)といい、ここでアワセをしてもハリにかけることは難しいでしょう。つまり、つりの成功のヒケツは、いかに本アタリをつかむかにあるんです。

①

最初のウキの反応

前アタリと呼ばれる小さいサカナの反応。慣れないうちは見逃したり、風の影響などと区別はつきにくい。

②

しだいに大きくなるウキの反応

サカナが違和感なく、夢中になってエサを食べはじめた反応。来るべき本アタリに備えて、その動きに注目。

③

ウキが消し込む反応

ウキ全体が水中に消し込む本アタリはアワセの成功率が高い。つりのプロセスがうまくいった証。

※これは一般的なアタリの例。警戒心の強いサカナとは①の反応しか示さない場合もある。

いろいろな本アタリのパターン

①

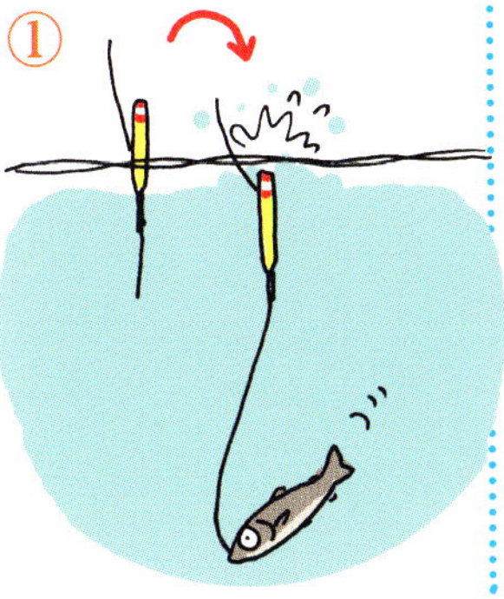

オーソドックスな本アタリ

前アタリがなく、いきなりウキが水中へ沈み込む場合もあります。油断しているとアワセは遅れること必至です。

②

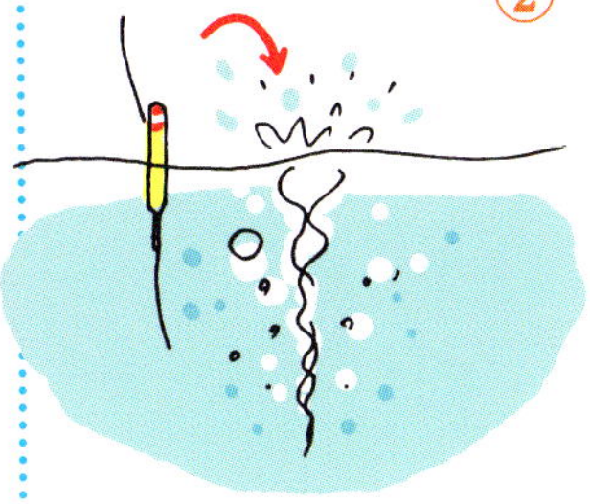

ウキを見失うような本アタリ

手元に反応が伝われば別だが、注意していないとウキを見失ってしまいます。反応のわりに小物に多いアタリです。

③

食い上げたときの本アタリ

良型のサカナが警戒なく食ったときの反応。ハリスは完全にたるんでいるためもっともアワセの難しいアタリです。

④

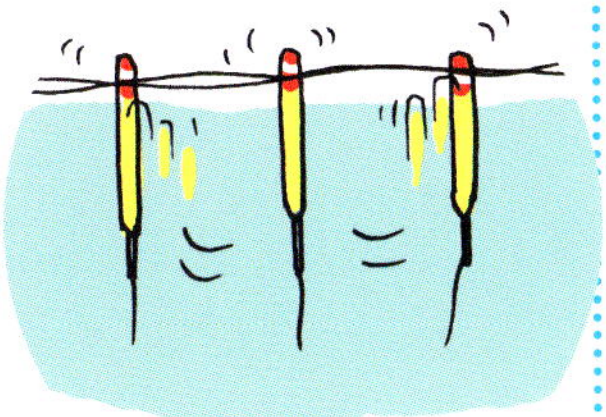

左右にスライドする本アタリ

スライド以外の反応は小さいため、アワセのタイミングはつかみにくい。スライドする動きを読みましょう。

⑤

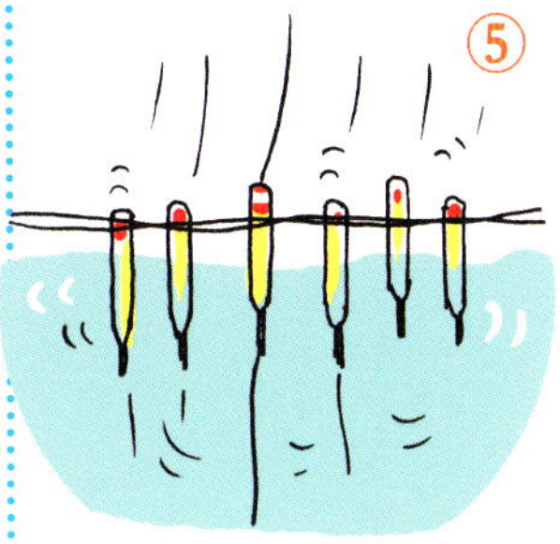

前アタリのみの反応

本アタリはなく、前アタリのみが繰り返される反応なので、本アタリを待っていてもそれ上の反応はなく、やがてはエサを取られてしまいます。この場合は仕かけを疑う余地あります。特に、ハリのサイズやエサの付け方をチェックしましょう。

★シンプル&かんたん道具と使い方ガイド❻

●アワセのコツ

アタリの次に行うのが"アワセ"です。アワセは、サカナの口にハリをかけるための動作で、アワセをしないと、ほとんどのケースでサカナに逃げられてしまいます。ここでは、サカナに逃げられないための、かんたんなアワセのコツをご紹介しましょう。

① まず、アタリが…!?

チョン
チョン

サカナがエサを食った瞬間。いわゆる"アタリ"が出ている状態。

② アワセのイメージはこんな感じ

ビシュッ!

スピニングザオでないかぎりは、派手なモーションは必要ありません。(46ページ参照)

手首だけを使って、鋭く小さい動きでします。決して難しくはありません。

大きく強いアワセをすると、ハリスが切れたり、サカナの口が切れてしまうことがあるので注意。

③ 完璧なアワセ、完了!

アワセがうまくいくと、後もラク。サカナをキャッチしたときに、ハリも外しやすく、サカナにもやさしい。

ちなみに、
かかったサカナとの
攻防を"ヤリトリ"
というよ。

◆ もしアワセをしないと

サカナによっては、アタリはとても繊細です。アタリが小さいからと、アワセに消極的でいると、十中八九、サカナに逃げられてしまいます。そんな失敗事例を2つ取り上げました。

失敗例その①
口からハリが外れる

口からエサごとハリは外れてしまう。アタリはあっても、永遠にサカナの姿は見ることはできません。

失敗例その②
取り込み時に逃げられる

うまくいったかに思えても取り込みのときに逃げられてしまう可能性があります。魚体が見えるだけにくやしさ倍増の失敗です。

◆ サカナの大きさに惑わされないアワセ

「大きいアタリ＝大物」とは限りません。大物は頭がよくて警戒心も増しています。むしろ、反対にアタリは微妙なほどに小さいと覚えておきましょう。

小さいサカナ

一般的に、大きいアタリほどアワセやすく成功しやすい、のですが、サカナの大きさは…。

大きいサカナ

小さいアタリだからといって消極的なアワセはしないこと。水中ではこんな…。

★シンプル＆かんたん道具と使い方ガイド⑦

海上つり堀で使う スピニングザオを 知ろう！

大物（マダイ・ブリ）がつれる海上のつり堀では、イトが巻き取れて、サカナを寄せるのに有効なスピニングザオを使用します。

●投げる前の下準備

レンタルザオは、こんな感じでセットされているから安心。

ガイドのチェック方法

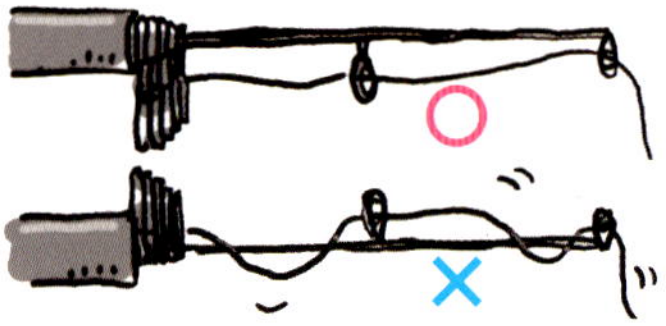

○正しいガイドの位置
×投げたときにサオを傷つける危険がある。

ベストの状態はのぞくと左のようにガイドが連なって見える。

①サオにリールをセットする。

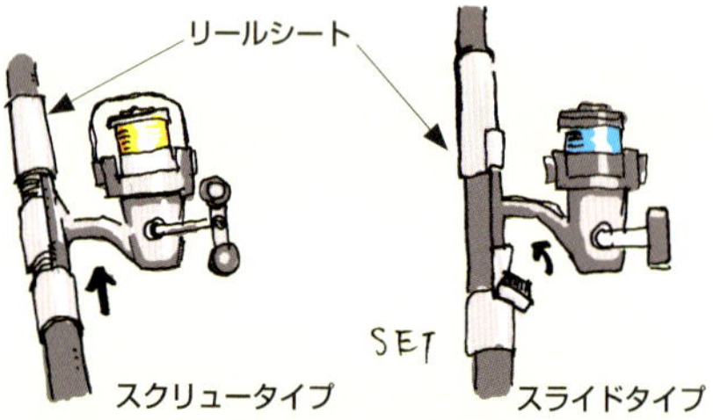

②ラインを引き出す。

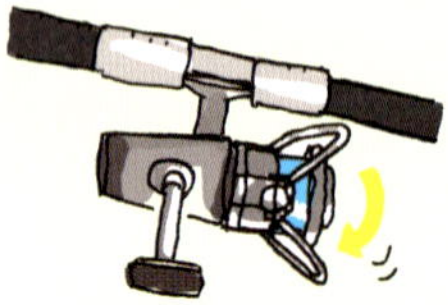

ベイルルアーム
リールのベイルアームを起こす。

③サオのガイドにイトを通して伸ばす。

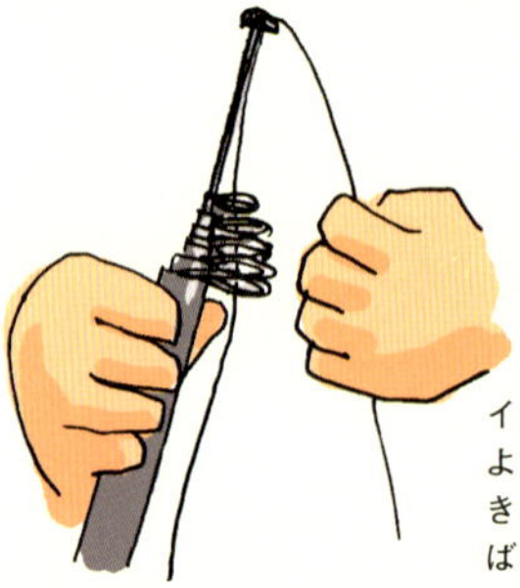

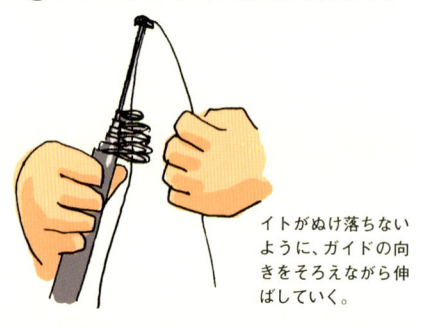

イトがぬけ落ちないように、ガイドの向きをそろえながら伸ばしていく。

伸ばしたイトに仕かけをセット。

ちょい投げ“両サイドスロー”をマスターしよう

海上つり堀は人気のスポットです。そのため、常に混雑が予想されるので、モーションが小さくて済むちょい投げが基本となります。さらに“両サイドスロー（身体の左側、右側）”は、コントロールが安定しやすいため、初心者にもかんたんに投げれるモーションです。

◆投げる前にイトをフリーにする

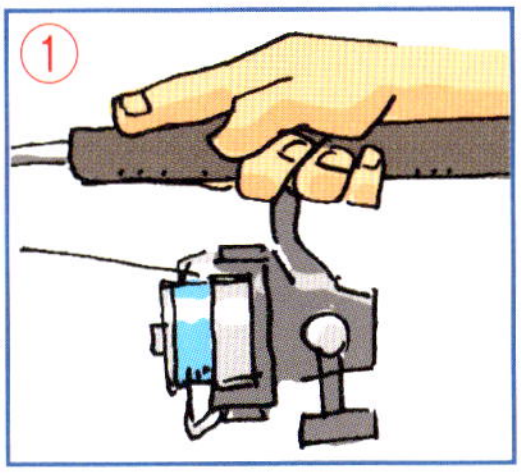

①利き手の中指と薬指の間でリールをはさみ、逆の手でハンドルを操作する。

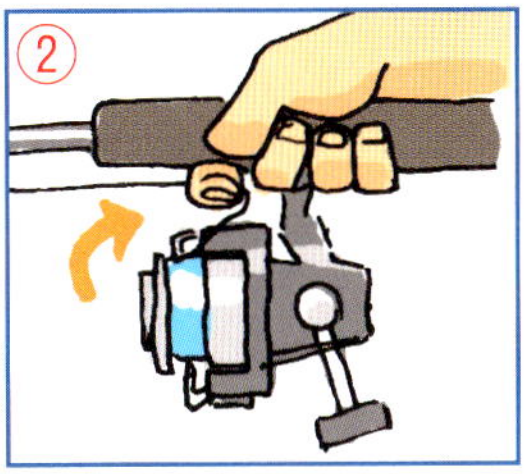

②サオを握っている手の人差し指でイトを押さえる。

③逆の手でベイルアームを起こす。

●投げ方（左手・右側モーション）

①

左手でサオをもつ場合の投げ方

自分の右側にサオをかまえる。もしも人がいてスペースがせまいときは、斜め右前方にかまえる。

②

仕かけの重さを意識しながら正面にサオを“ゆっくり”振っていく。意識するとサオは自然にカーブする。

③

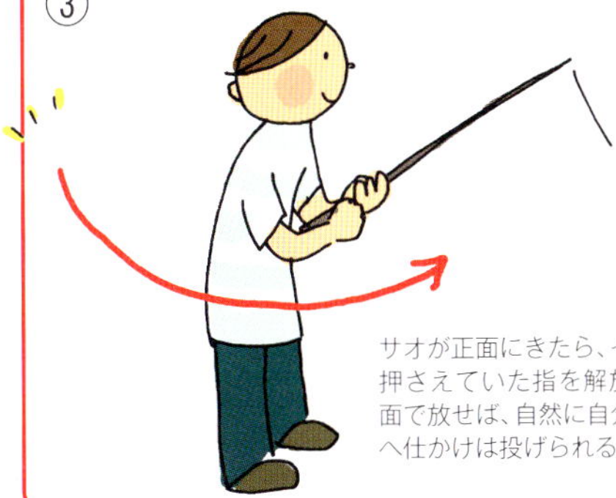

サオが正面にきたら、イトを押さえていた指を解放。正面で放せば、自然に自分の前へ仕かけは投げられる。

④

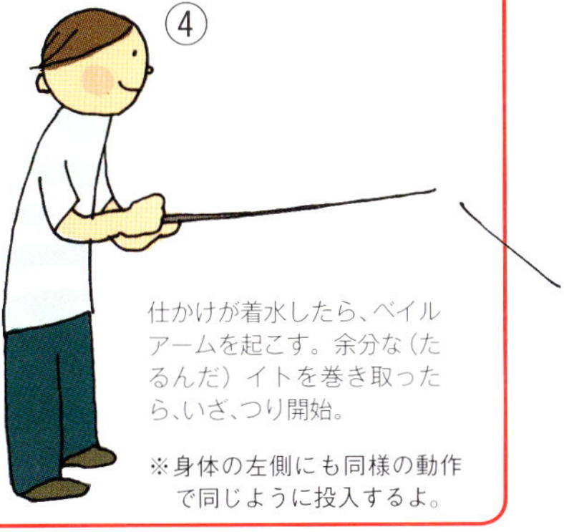

仕かけが着水したら、ベイルアームを起こす。余分な（たるんだ）イトを巻き取ったら、いざ、つり開始。

※身体の左側にも同様の動作で同じように投入するよ。

★シンプル＆かんたん道具と使い方ガイド❽

●スピニングザオのアワセ方

室内つり堀のノベザオなどと違って、海上つり堀では、スピニングリールが装着されたリールザオ（スピニングザオ）が主役。重いスピニングザオのアワセ方も知っておきましょう。

小さいアタリの場合

ウキがピョコピョコと小刻みに動くようなアタリには、手首のスナップを利用するような鋭いアワセが効果的です。サカナの口先にハリを引っかけるイメージで行いましょう。

大きいアタリの場合

ウキが一気に消し込んだり、スーッと水中に沈んでいくようなアタリのときは、繰り出したイトも長いため、腕全体を使って、大きな動きでアワセを行います。

エサを飲み込ませるくらい待って
アワセるのがポイントです

※一般的には、エサを飲まれるのは失敗に値しますが、海上つり堀の場合は、サカナが大きいので、ハリを飲ませたほうが無難にヤリトリできます。

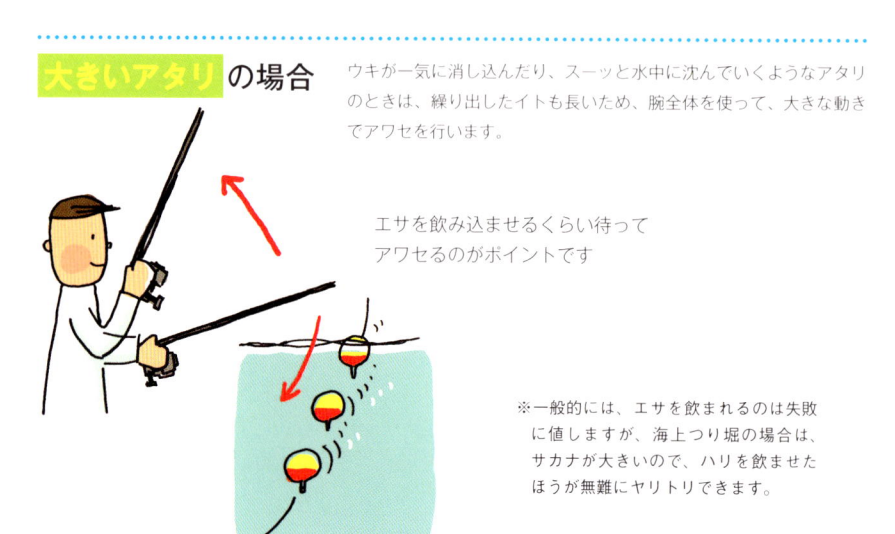

PART 3

フィールド別　つり堀攻略パターン

誰よりもたくさんつるための、フィールド攻略法ガイド

つり堀のフィールドは、
主に、 室内つり堀や屋外つり堀、
海上つり堀、 管理つり場の4つです。
それぞれの釣法を、
基礎からコツのコツまで紹介しましょう。

住宅街のオアシス!? 室内つり堀

つり堀 No.1

時代の流れとともに姿を消していったつり堀が、今、ここにきてその人気は、再び急浮上しています。人気のキーワードは3つ。それを紹介しましょう。

室内つり堀の魅力 1　生活に密着している!?　気軽に立ち寄れる憩いの場♪

身近過ぎて、つい見落としがちなのが現代の“室内つり堀”。自分の住む街、通勤途中の車窓など、ちょっとだけ意識してみよう。きっと『つり堀』の看板が見つかるはずです。

生活に密着①営業時間＝施設によっては24時間営業の所もある。仕事帰りでも余裕で遊べる。

生活に密着②立地条件＝住宅街にあったりするから、お年寄りも散歩の途中で寄れる。

生活に密着③施設環境＝全天候型だからいつでも遊べて、スタッフさんもつりに詳しい人ばかり。

室内つり堀の魅力 2
ただつって終わりじゃない!? サカナはポイントとして加算♪

現在の室内つり堀では、そのほとんどがポイント制を導入している。これは、つったサカナの種類や大きさによってポイントが加算されるシステムで、まさにゲーム感覚で遊べる。ポイントの設定は、各つり堀によって違うため、要確認です。

「マイつりザオを手にするまで、あと200ポイントだ」
特典などはそれぞれの施設によって違う。それでも、やはり景品のトップは“マイつりザオ”だ！しかも営業が続く限りは、半永久的に「置きザオ」にしてくれる。

有効期限 年 月 日
CARD

●会員証兼スタンプカード
スタンプを集めるのは楽しい。たまったポイントは、景品や特典と交換できる。

室内つり堀の魅力 3
コイやキンギョだけじゃない!? 続々と増えいてるターゲット♪

つり堀といえば、コイやキンギョが昔からのつり相手。それは今も変わりないが、最近のつり堀は施設が充実しているため、以前では想像もつかなかったサカナが入っている。新たなユニークなターゲットたちには、変わった特典や独特なポイント加算が用意されていることが多い。

※利用するときの、営業時間や料金、道具の有無、サカナの持ち帰りなどの詳しい情報は138ページを参考にしてください。

主なターゲット

コイ
キンギョ

新顔のユニークなターゲット

チョウザメ
ソウギョ
ナマズ

★室内つり堀のマナー＆ルール

施設のルールブックはつり堀の店主!!

室内つり堀のマナー＆ルールを決める要素はおおまかに２つ。それは『サカナ』に対する愛情と、「人」に対する思いやり精神です。

「つれた！　何ポイントかな？」
「マナーが悪いからきっとマイナスポイントだよ」

つり堀の規律を守るのは、マナー向上委員長の店主

自然界に比べれば、当然、施設の池は狭く、サカナへのストレスは相当に強いので、元気なサカナをつるためにもルールは必ず守りたいものです。人に対するマナー＆ルールに難しいものはないのです。どちらかといえばモラル的なもので、守れないのははずかしことです。

快適に楽しむための室内つり堀マナー

①「騒音」を出さない

施設内での大声や大きな音、走るのは禁止。

②「池の水」にふれない

エサやサカナにふれた手を池や水槽の水で洗ったりしないこと。

③「サカナ」にふれない

なるべくさわらないこと。ペナルティのある施設も。

④「喫煙」は所定の場所で

室内なので、携帯も同じく所定の場所でする。

⑤「エサ」をまかない

絶対に池や水槽にまかないこと。まきエサ行為になる。

⑥「サカナの死骸」は知らせる

サカナの死骸や弱っているサカナがいたらスタッフへ。

やってはいけない、室内つり堀ルール

✕ 引っかけづり（スレ）禁止

故意にスレを狙うような行為はダメ。また置きザオも禁止。

✕ エサの持ち込み禁止

公正のため、誤解のないよう常にエサは見えるようにする。

✕ 道具の持ち込み禁止

場が荒れるなど公正のため、絶対にやめよう。

✕ ミャクづり禁止

ウキなしに、水面直下（見えるサカナ）をつってはいけない。

✕ 横アワセ禁止

これは危険。必ず縦アワセにして、コンパクトに行おう。

✕ 水面直下（カッツケ）のつり禁止

ウキ下の長さに制限をもうけている施設もあるので注意。

取り込み方法のルール

同じルールでも、こちらはポイント制のお話。つり堀によって、ポイントに換算される取り込み方法のルールが異なります。事前に必ず確認しておきたいことのひとつです。

たとえば
- **タモですくえればOK**
とか。

- **タモではなく、水から上げて、そのままタライに入れたらOK**
とか。

どちらにしても、
つり糸を手で持ったらダメ

※他に「水面からサカナの顔を出させてハリを外せばOK」等もある。

キンギョ・コイをつってみよう

キンギョ

【コイ目コイ科】形態的にフナに似ているためフナの変種とされる。ただし、品種によっては、まったく異なるものもいる。

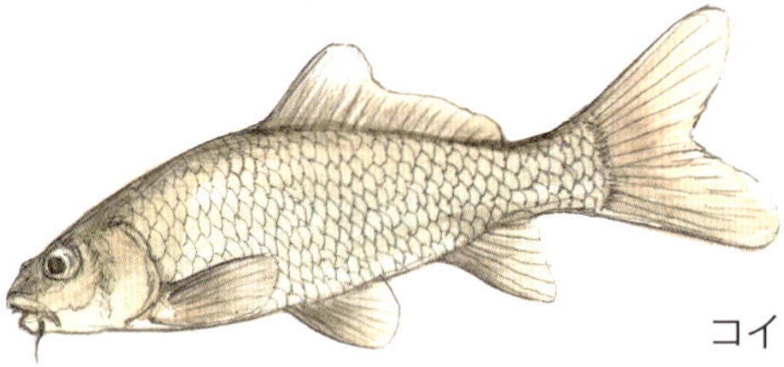

コイ

【コイ目コイ科】障害物の際などを好み、行動するコースを決める習性がある。赤や色のあるものを色ゴイと呼びわけたりする。

キンギョもコイの仲間なんだ★★★

室内つり堀のメインターゲットは、どの施設においてもほとんどがキンギョとコイになります。２匹は似ていますが習性には違いがあり、自然界と同じくつり堀においてもそれは変わりありません。その２匹をほぼ同じ仕かけや同じエサでつるわけですから、最初からそれぞれターゲットを明確にしてつりをすることが攻略の第一歩といえるでしょう。

仕かけはこんな↓感じです

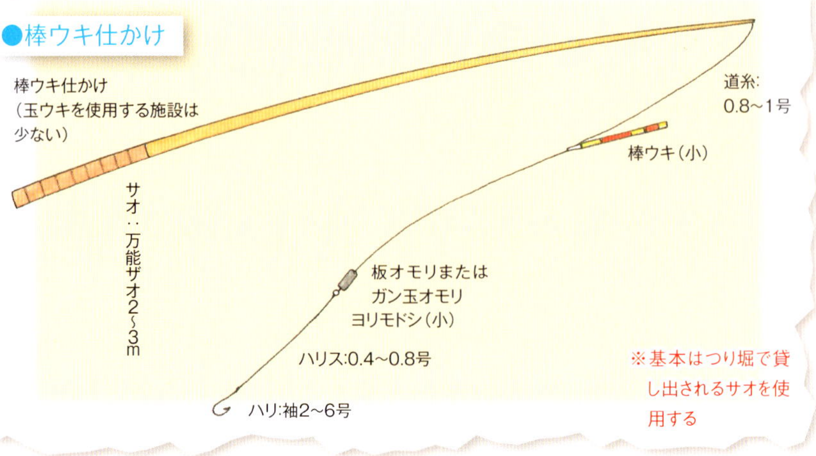

★つりを始める前に…

受付をすませたら早くつり始めたいものですが、そこは少しがまんして、何点かをチェックしましょう。もしもこの作業をサボると、間違った方向に進んでしまうばかりか、迷路に迷い込むようなつりになってしまいます。

●道具のチェック

基本的に道具と仕かけはレンタルなので、つり始めの前にチェックが必要です。特に仕かけは切れたりしなければそのまま使われるため、入念にチェックしておきましょう。

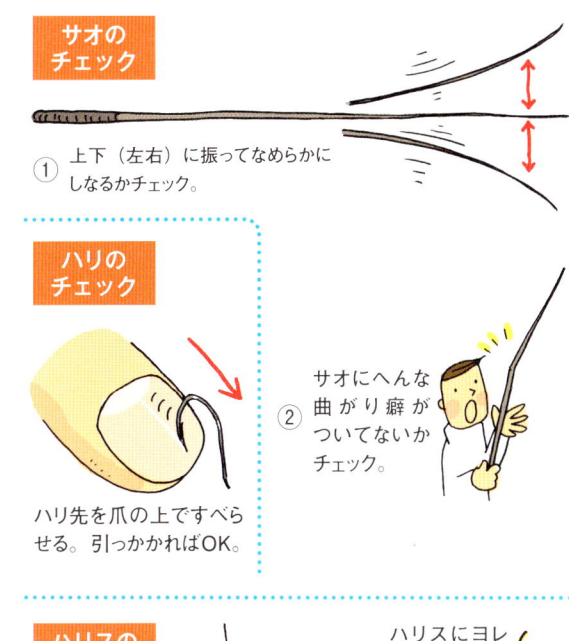

サオのチェック

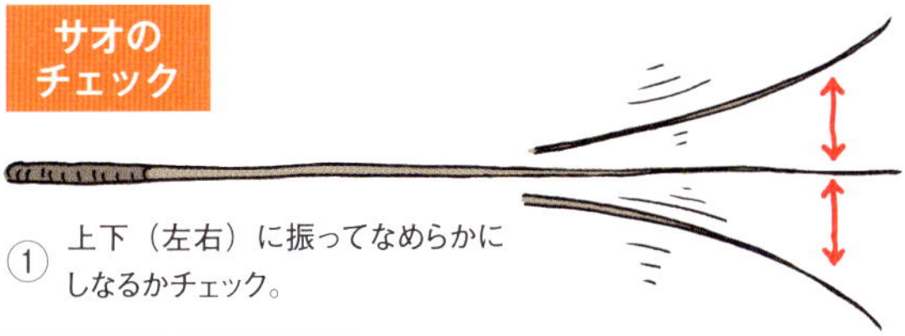

① 上下（左右）に振ってなめらかにしなるかチェック。

ハリのチェック

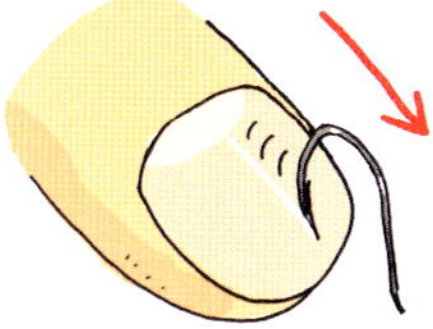

ハリ先を爪の上ですべらせる。引っかかればOK。

② サオにへんな曲がり癖がついてないかチェック。

ハリスのチェック

① 親指と人差し指を使って、表面のキズをチェック。

② ハリスにヨレがあったり、結び目がないかチェック。

キンギョ・コイをつってみよう

Talk About エサ

生エサを使わなくていいんだ★★★

当然、エサも持ち込み禁止で、各つり堀で用意されたものを使うことになります。みんなが同じエサを使うため、エサにもいくつか工夫や気配りが必要になります。

室内つり堀のメインのエサ

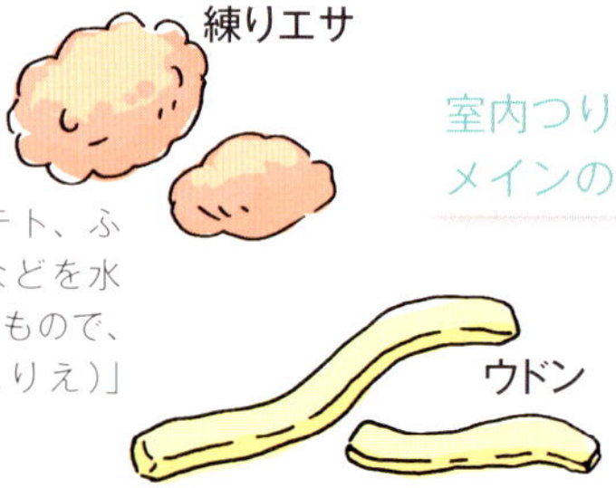

マッシュポテト、ふかし芋、麩などを水で練り固めたもので、「練り餌（ねりえ）」ともいう。

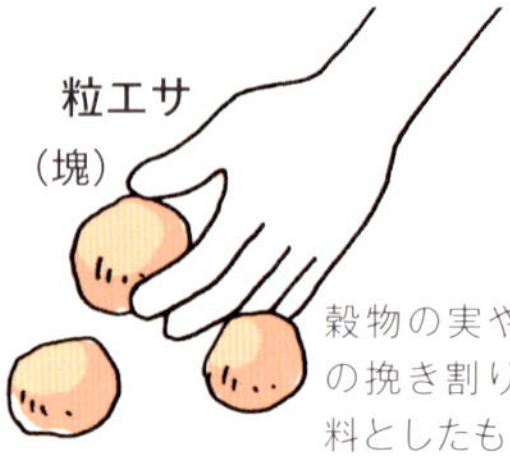

穀物の実や、その挽き割りを原料としたもので、「粒餌（つぶえ）」ともいう。

キンギョ、コイがよろこぶ、おいしそうなエサのポイント

練りエサへの気配り

① 水分が多いときは？

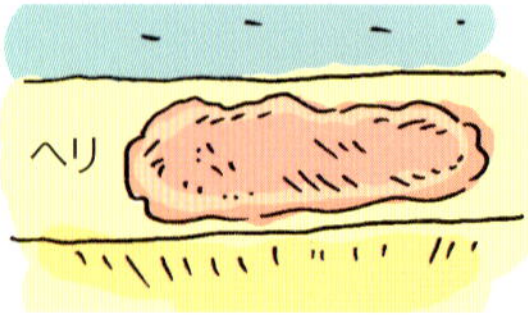

上から見たところ

横から見たところ

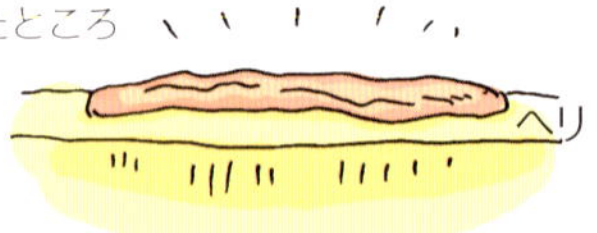

水分の多い場合、池のへりにペッタンコにして乾燥させる。

※ただし、パサパサにしてはダメ

② 水分が少ないときは？

水分の少ない場合、水を含ませて練り直す。つりながらでも OK です。

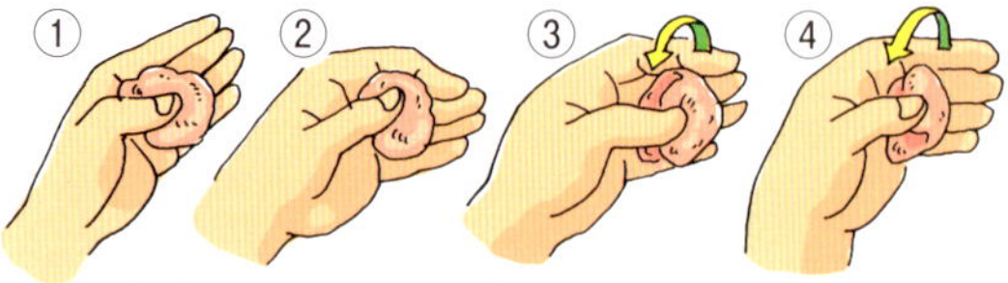

①手の平で平にする、②表面を濡らす
③半分に折りたたむ　④さらに折りたたむ
※①～④を繰り返して、しっとりモチモチにする

粒エサの工夫

そのままのコイ用と、その1/4のキンギョ用を作ります。

● コイ用は、直径 1 cm 大の粒エサをそのまま使う

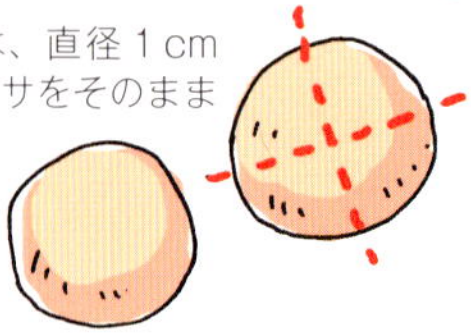

❶キンギョ用は、まず4等分に分ける

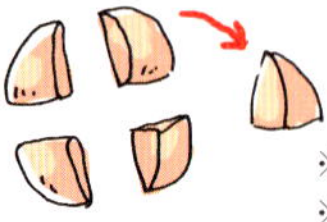

❷ひとつずつを指先でこねて丸める

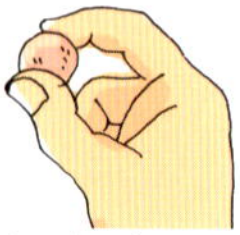

※なるべく球形にすることがコツ
※❷の粒はわかりやすく大きくしましたが、実物は直径 5mm ぐらい

Talk About タナ

タナとは、サカナが泳いでいる遊泳層のこと。室内つり堀の多くが水面直下（カッツケ）のつりを禁止していますが、それとは別に、コイ・キンギョともにつれるポイントは底近くになるため、タナ取り作業はしっかり行いましょう。

壁や柱に、このようなスケールが表示されている親切な施設もある。これがあるとタナ取り作業はとてもラク。

タナ取りって、サカナの通り道に合わせるって意味だね！

スケールによるタナの合わせ方

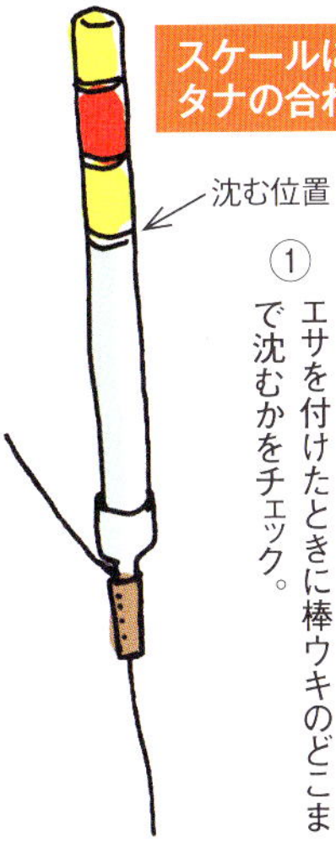

① エサを付けたときに棒ウキのどこまで沈むかをチェック。

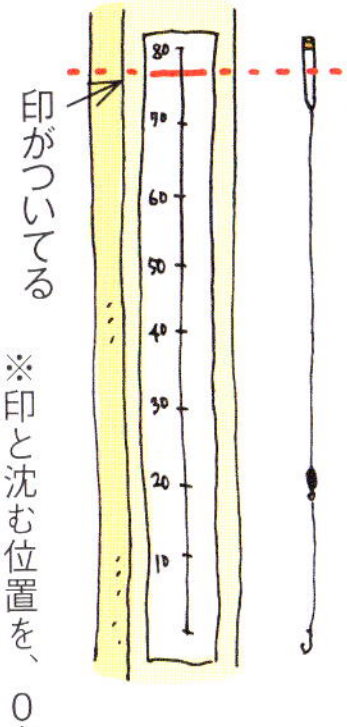

※印と沈む位置を、0点とハリのそれぞれ合わせること

② スケールの0点から印までの長さと、仕かけの長さを合わせる。

サオを使う合わせ方

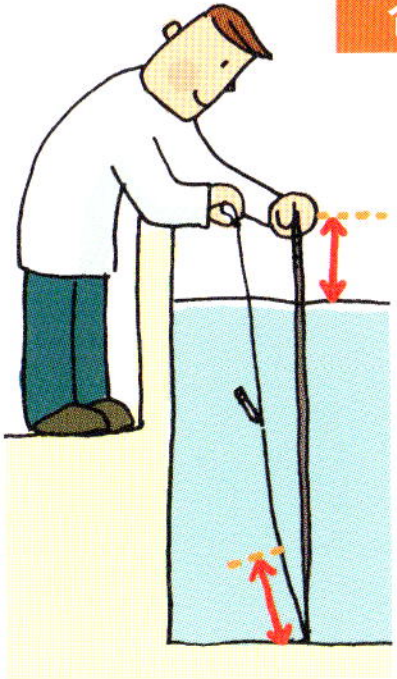

サオ先を水中に差して底に届かせ、水中から出ている仕かけの長さを確認します。サオ先からウキの沈む位置までが、それと同じ長さになるように調整します。

※作業中は、必ず仕かけを張っておくこと

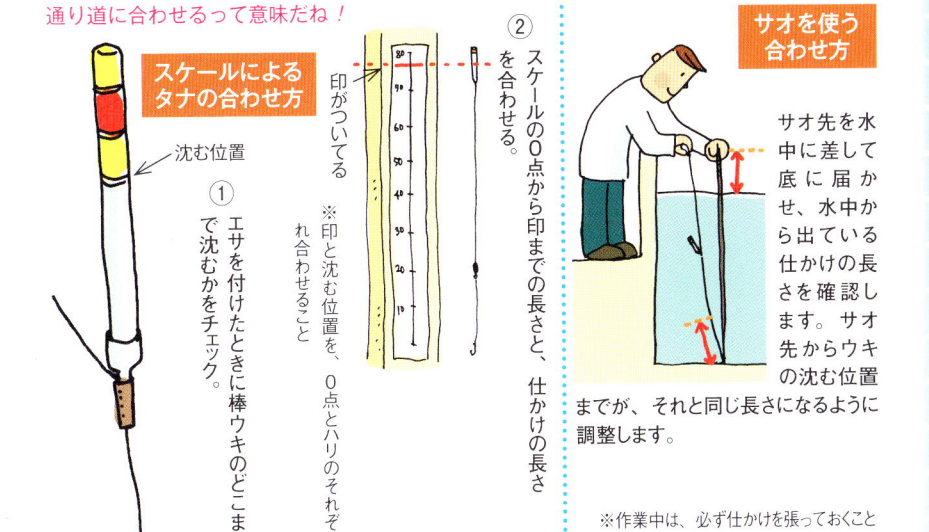

キンギョ・コイをつってみよう

●つれるポイントを知ろう

一部の施設を除くと、基本的には先客がいない場所ならどこでつってもかまいません。しかし、“どこでも”と言われると、初心者はかえって困ってしまいますよね。ここでは、つれるポイントのそれぞれの特徴を説明しましょう。

最初に、コイかキンギョの

Ⓐ循環ろ過器

ここはキンギョ・コイが集まるポイント。とはいえ、水面は絶えず動いているためにキンギョのような繊細なアタリは取りにくい。

Ⓑ池の中央

キンギョの必須ポイント。水面直下から底までの広い層に集まっている。ウキ下に制限があるため、当然底狙いになる。

Talk About ポイント

ポイントとは、つり用語で「サカナのいる場所、サカナがエサを食う場所」を意味する重要な用語で、頻繁に使われます。つり堀の大きさは施設によってさまざまなため、まずはつり堀全体をひとつの水槽に見立てると、サカナのいるポイントがイメージしやすくなるでしょう。

どちらを狙うか決めることが大切。

Ⓓ四隅の角

コイ・キンギョが好んで集まるポイント。人気があるため、ここが空いていることは滅多にない。

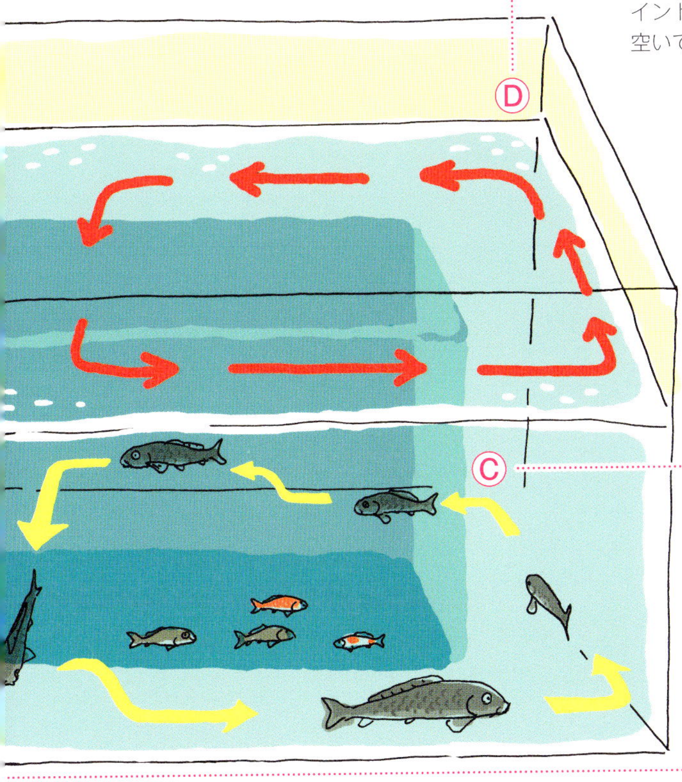

Ⓒ縁

隅っこが好きなコイのポイント。水面から底までの層を行き来しながら、縁に沿って回遊している。

キンギョ・コイをつってみよう

●キンギョをつる

キンギョはその愛くるしさから“つりやすい”と思われがちですが、思うほどかんたんにはいかないのが現実。最初は、とにかく数多く仕かけを投入し、アタリを増やすように心がけましょう。

「エサを付ける」
▶▶▶「仕かけを投入する」

エサの付け方

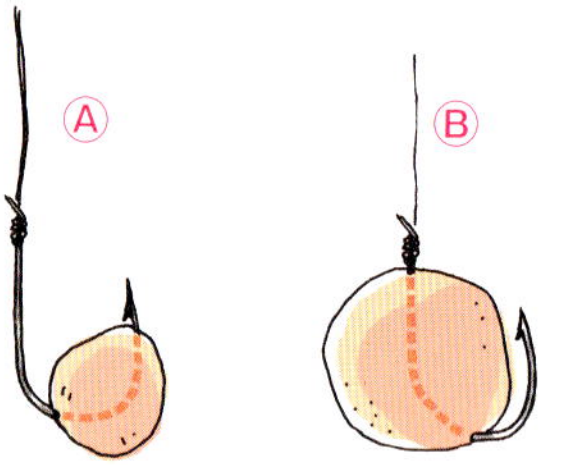

Ⓐノーマルな付け方

４㎜前後。ハリ先に丸めるように付けます。

Ⓑキンギョを寄せる付け方

ハリの軸先（結び目）を出す程度の大きさで付けます。

ウドンの付け方

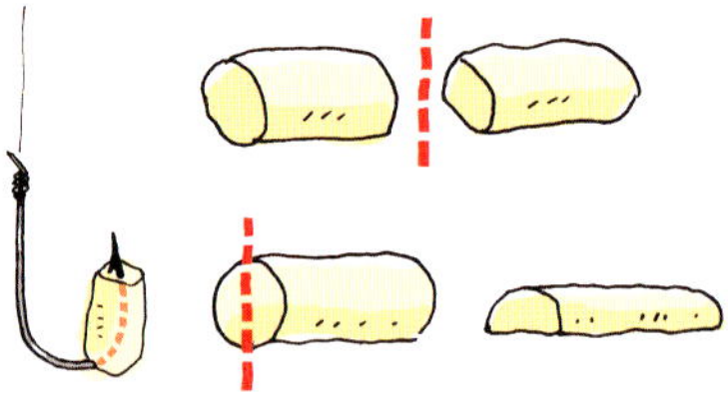

縦刺しにします。ウドンを５㎜の長さにカット。さらに縦半分にしてもいいです。

※どのエサ付けも必ずハリ先は出しておくこと

仕かけの投入パターン

①キンギョを寄せるための投入

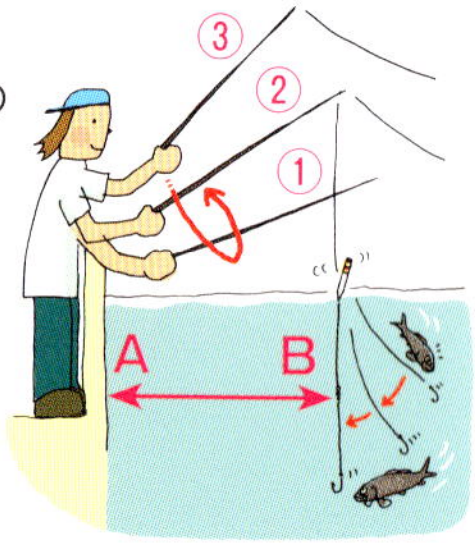

遠くに振り込んで、エサを決めたポイントまで沈ませる方法。このときにエサはカーブしながら沈むため、広範囲のキンギョへアピールできます

②手返しよくつるための投入

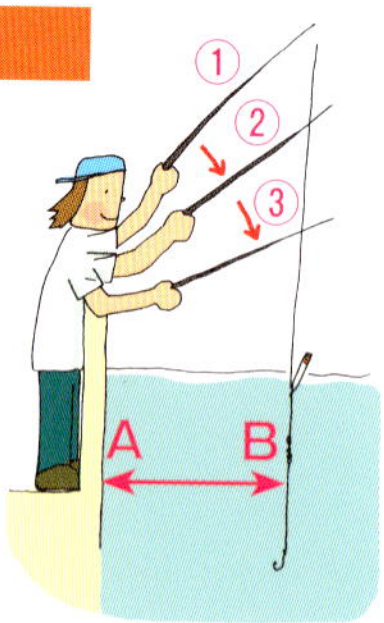

水面直下にダイレクトに落とし込んで、底まで沈ませる方法。最短距離で底までエサを落とせるため、手返し（効率）よくつれます

※わかりやすくしましたがAとBの距離は同じ。どちらの投入を選択しても、ポイントはブレないこと

★カウント法でテンポよくつろう

群れを作るサカナをつるときは、テンポよくつっていくようにします。テンポがつくと自然と手返しはよくなり、効率のよいつりを展開できるようになります。

●カウント法って何？

カウントダウンともいいますが、目に見えない水中での仕かけの動きを想像しやすいように数字を数えて、テンポよく、効率のよいつりをするための方法です。

① 振り込み

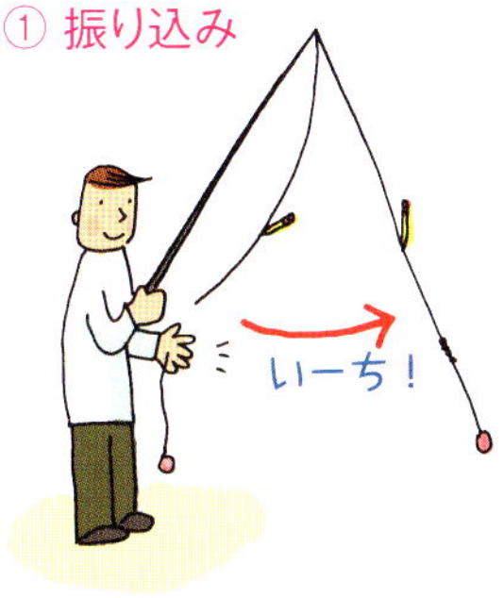

◇カウント１
仕かけを送りこむ

② 仕かけ着水

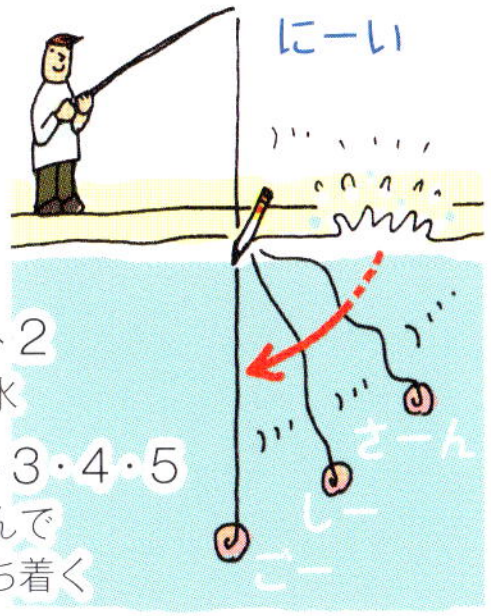

◇カウント２
仕かけ着水

◇カウント３・４・５
エサが沈んでタナに落ち着くまで

③ アタリを待つ

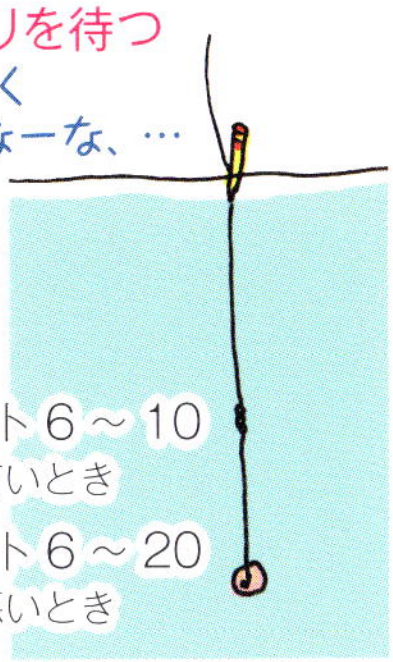

※活性とはサカナの行動力

◇カウント６～10
活性の高いとき

◇カウント６～20
活性の悪いとき

④ 仕かけの回収

仕かけを引き上げるときは、アタリがなくても必ず空アワセをすること

これが、アタリの瞬間だ!

①ウキがポイントに馴染んでいる状態

②目を皿にしてウキの変化に集中
③アタリが出た瞬間

キンギョのアタリはとても繊細ですが、アワセのコツはたったひとつ。どんなに微妙なウキの変化も見逃さず、すかさずアワセを行うこと、です。

キンギョ・コイをつってみよう

●キンギョをつる

●つれないときのコツのコツ

キンギョつりの場合、つれない主な原因は、●アタリが取れない　●エサを取られる、の２つに集約されます。この課題を打開するコツをいくつか紹介しましょう。

見えてるキンギョに気をとられすぎてはダメ！

かんたんそうな
キンギョの群れをつるコツ

群れのダメなつり方 ×

群れの中に仕かけを投入してしまうと、十中八九エサを取られてしまいます。

仕かけを《群れの中》に投入してしまう

みつけやすいので、
やみくもに
つりたくなる。

①エサがまだポイントに馴染んでいない
仕かけはたるんでいるからアタリは出ない

②底に沈むまでにエサは食われてしまう

群れのグッドなつり方 ○

群れを狙う場合、ポイントは群れの外（際）を狙うようにします。

仕かけを《群れの外》に狙って投入する

①仕かけは群れの外側からカーブさせて沈ませる

②エサを残したままタナまで運べる

►►►►►►►►► 群れに近いためアタリも早めに出る可能性がある。結果、手返しがよくなり釣果の期待大

★どうして、つれないの？

同じ場所に居座っていませんか？

いくらつり堀のサカナといっても、相手は生きもの。ときには予想が大きく外れることもあります。空いているところなら基本的にどこでつってもいいので、「この場所はつれないな」と思ったらどんどん移動しよう。

30分
45分
15分

12
3
6
9

例えば、1時間コースにした場合、15分ずつに区切ってつりを組み立ててみる。つり始めの15分内でアタリがないようなら、移動するのが得策！

移動するときは近くではなく、思いきって反対側などに移動しよう

アタリが取れずにいませんか？

室内とはいえ循環器などの影響で絶えず水面は動いているため、どうしてもアタリは取りにくくなります。こんなときは、ハリスを少し底にはわせるようにしよう。こうすれば、ウキの動きは均一になりやすくなります。

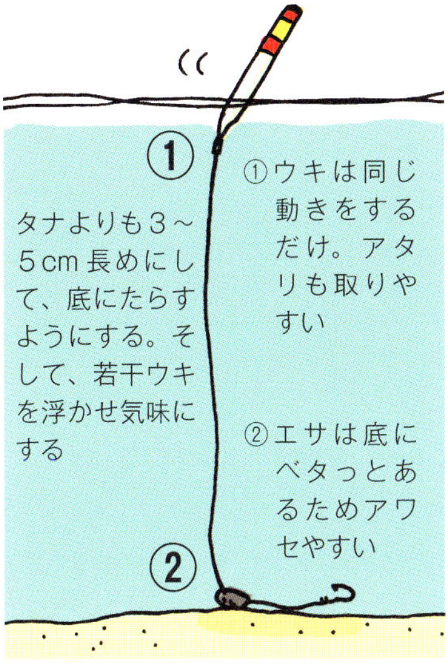

①
②
タナよりも3～5cm長めにして、底にたらすようにする。そして、若干ウキを浮かせ気味にする
①ウキは同じ動きをするだけ。アタリも取りやすい
②エサは底にベタっとあるためアワセやすい

エサをそこにはわせたときのアタリの例

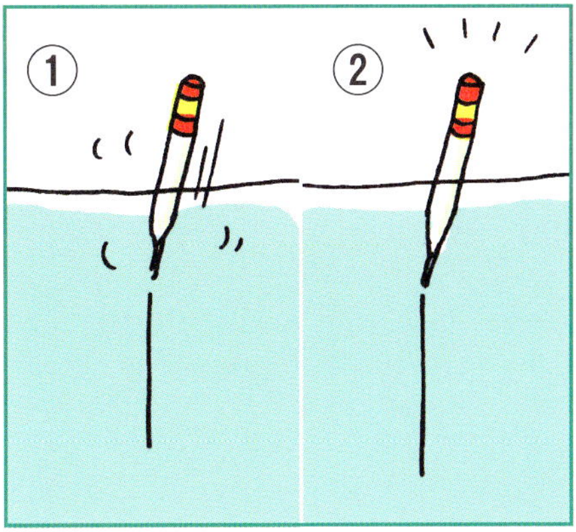

①
②

①動いているのが通常。フワっ、フワっと若干漂っている感じ

②それがピタっと静止。この瞬間がアワセのタイミング

キンギョ・コイをつってみよう

●コイをつる

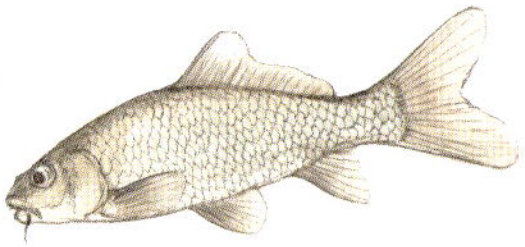

「一日一寸」と言われるコイつり。つまり1尺（30 ㎝）のコイをつるには、10 日を要するほど難しいという意味です。つり堀ではそこまで難しくはありませんが、引きは強烈。得点も高く設定されています。

●コイのエサ　コイを1か所にとどめる役目もあるエサ

コイをつる場合、エサにはコイを寄せ集めて1か所にとどめておく役目があります。そのためにエサ付けは、手早くやる必要があります。エサの種類による付け方の違いも覚えておきましょう。

ネリエサ

涙形

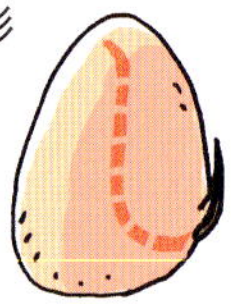

水中でバラケやすいために集魚力は高い。ただし、その分エサ持ちの時間も短い。

※円形（大）以外、若干ハリ先を出すこと。

円形

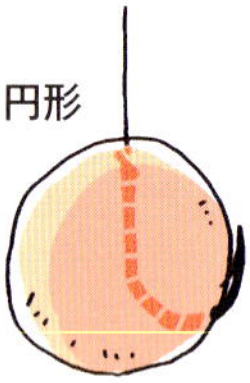

大　主にサカナを寄せたり、集めたりするのときのエサ付け。練りは柔らかめがベスト。

中　つりはじめのときのエサ付け。大きすぎず、小さすぎずで、まずは様子を探る。

小　食いがよいときのエサ付け。エサが小さい分、ウキへの反応もすぐに出やすい。

ウドンエサ

ノーマル

食いがよいときのウドンの大きさ。食い込みやすいため、アタリはとりやすい。

長め

サカナの食いがよくないとき、大きさでアピールするエサ付け。十分食い込ませてアワセる。

※ウドンのエサ付けは、必ず一回で成功させること。失敗して何度もハリを刺すと、水中で切れやすなる。ハリ先は、ネリエサ同様に若干出す

●コイのエサの食べ方　コイの食べ方はウキへの反応が出にくい?!

コイは雑食性で、エサを食べるときは上顎を伸ばしてエサを吸い込むようにして食べます。そのため、最初に出るウキへの反応は、魚体に似合わず繊細な場合が多いです。

●コイのアタリ

コイのアタリは
キンギョに比べて豪快！

コイのアタリは、繊細なキンギョに比べると豪快そのもの。ただし、本アタリ（アワセの成功率が高いアタリ）の前に、‘サワリ’という前アタリが続くため、辛抱が必要です。

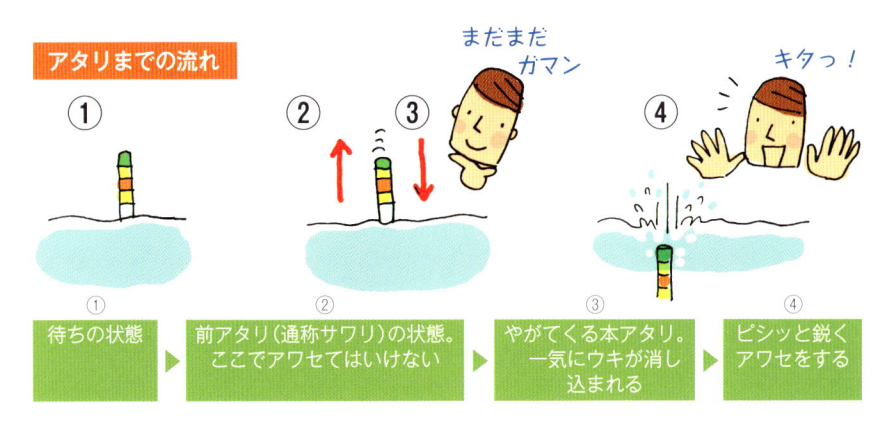

アタリまでの流れ

① 待ちの状態 ▶ ② 前アタリ（通称サワリ）の状態。ここでアワセてはいけない ▶ ③ やがてくる本アタリ。一気にウキが消し込まれる ▶ ④ ピシッと鋭くアワセをする

●コイをつるポイント

キーワードは
“警戒心”と“回遊”

自然界でのつりでは難しいコイのポイント探しも、つり堀ではそれほど難はないでしょう。人工池のなかでもその習性は変わりません。探すキーワードは“警戒心”と“回遊”です。

ポイント① 循環ろ過器

室内つり堀では、水の循環ろ過器は池の中央、もしくは四隅に設置されています。池の四隅は、コイが安心できる所でもあるため、豊富な酸素と新鮮な水が動くろ過器があるなら、まちがいなく一級ポイントです。

MEMO

ここは大ゴイが集まりやすい。ただし、他のお客も多く混雑するポイントでもある。

MEMO

水はかなり波立っている。キンギョクラスのアタリは感知しにくいが、明確なコイのアタリなら大丈夫。

キンギョ・コイをつってみよう

●コイをつる

●コイをつるポイント

キーワードは、
“警戒心”と“回遊”

ポイント② 回遊コース

つり堀といえども、習性を忘れていないのがコイ。つりの手を止めて、しばらくジーっと泳いでいるコイを観察してみよう。すると、ほら、一定のコースをまわっているのに気づくはず。これが“回遊”です。

コイは一定のコースを泳ぎながら、潜りと浮上を繰り返している!

水面近くを泳ぐコイを観察すると、潜りと浮上を一定のコースを泳ぎながら繰り返していることがわかる。

狙うポイントは、回遊コースのコイが潜っている地点。

ただし、左図の場合、a、b地点には他のつり客がいるため移動はできない。

移動して仕かけ投入

左図の状況では、この位置からCを狙うのがベスト。投入のタイミングは、潜った対象魚が○印にきたとき。仕かけがなじんだときにコイがやって来るイメージ。

MEMO

ヒゴイや錦ゴイといったコイは、色あざやかだから見つけやすい。模様が特徴になるから観察しているうちに、回遊コースが想定できるよ。

●コツのコツ

室内つり堀では、①大物をつること ②効率のよいつりを展開すること、の以上がポイント取りには重要です。ここでは、この２つに関する、初心者でもできるコツを紹介しましょう。

大物をつるためのコツ

大物ほど大きいエサに食らいつく傾向がある。これは魚体が大きくなればなるほどそれを維持するための栄養が必要だからかもしれません。

ウドンのエサ付けで誘う

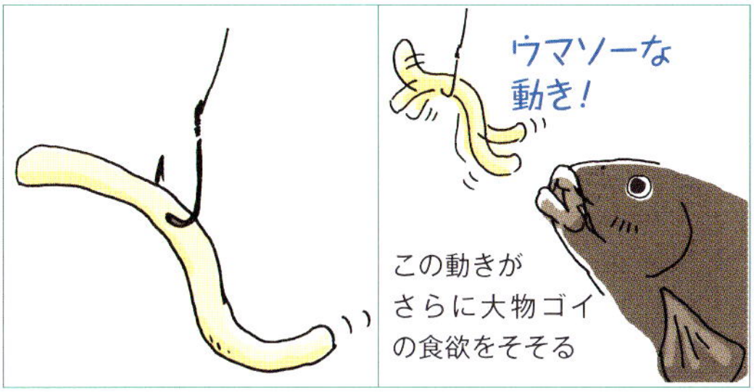

ウマソーな動き！
この動きがさらに大物ゴイの食欲をそそる

①ウドンを通常よりもさらに６～８倍大きく付ける。ウドンはこのように曲がりくねった部分を選ぶ。ハリは湾曲している位置に刺すのがコツ。

②曲がりくねったウドンは、ハリの位置を起点に水中でクネクネ、ウネウネと動く。

効率のよいつりのためのコツ

つり堀が混んでいて移動がままならないときなどは、いかにして自分のポイントにサカナを集め、さらにそこにとどめていられるかが重要になります。

大きなネリエサでエサ切り

①つり堀ではコマセ（まきエサ）は禁止。あくまでもハリにエサ付けしてポイントへ送り込み、サカナを集めるのがコツ。

②
ポイントで見事にバラける
①
空アワセの要領で振る

②着底後、エサがふやけるのを待つ。サオを鋭く振って、水中でエサ切り（エサをバラけさせる）を行う。

※ハリに残ったエサに食わしてつるパターンもあるが、寄せと食わすエサの打ち込みを明確に分けて、メリハリをつけた方が釣果も上がるよ

大きなネリエサをつける

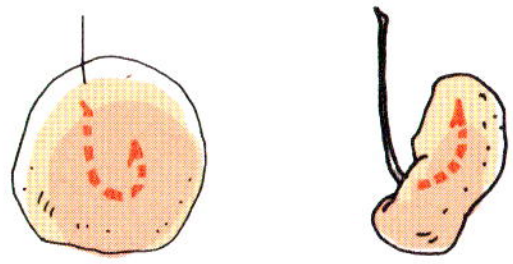

③仕かけを上げたときのエサの状態

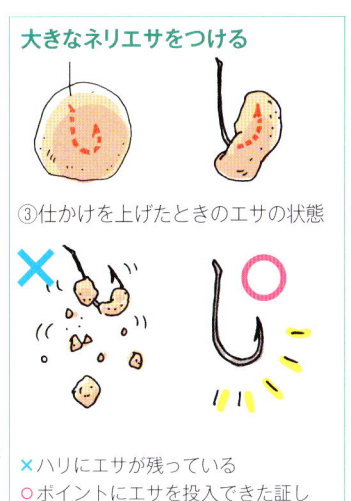

×ハリにエサが残っている
○ポイントにエサを投入できた証し

キンギョ・コイをつってみよう

●コイをつる

●コイの取り込み

室内つり堀では、取り込みはとても重要です。ここで失敗すると点数を得ることができないからです。取り込みのルールはつり堀によって違いがあるので事前に確認しておくことが大切です。

正しいヤリトリ姿勢

肘から腕、サオ、イトが同一平面上にあるとベスト
肘は伸ばさないこと。柔軟な動きでサカナの引きに対応（タメ①）

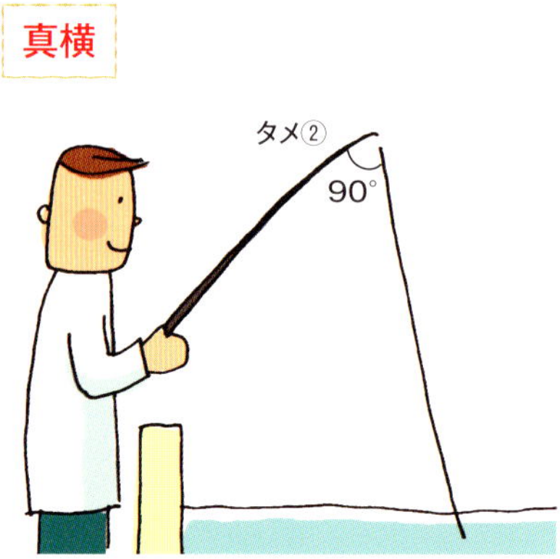

サオとイトとが作る角度が 90°前後にあることが望ましい
サオは立てること。反発力が生きてイトへの負担も軽減（タメ②）

※キンギョのような小物ならそのままゴボウぬきに上げられるが、相手がコイになるとかんたんにはいかない。コツは、肘とサオのそれぞれに十分な“タメ”を作ること

ダメなヤリトリその①
サオが水平で腕が伸びきっている

これでは十分な“タメ”が得られず、最悪はイトが切られてしまう

ダメなヤリトリその②
サオを両手持つ

サオが折れる
危険もあり

サオの中央部分を握ってしまうとサオの反発力は死んでしまう。

両手で持つ場合、
もう一方の手は、
にぎっている手の
なるべく近くに！
しかも手の平でそえるようにする

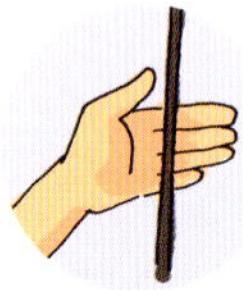

●ハリの外し方

コイの口からハリを外すときは丁寧に行わなければいけません。施設内のサカナだからといって、決して適当に扱わないこと。命ある生きものなので大切にしましょう。

❶

❷
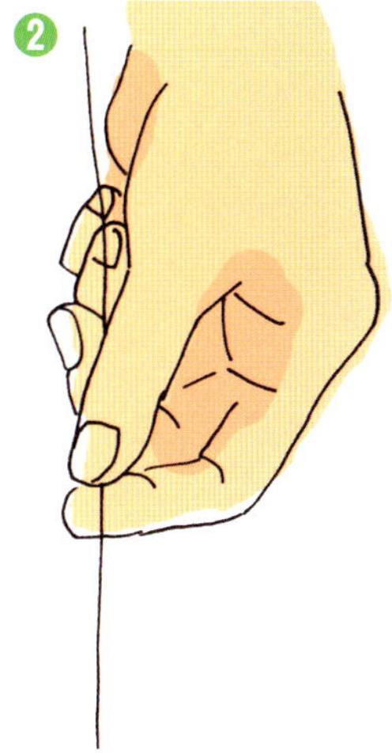

❸

❹
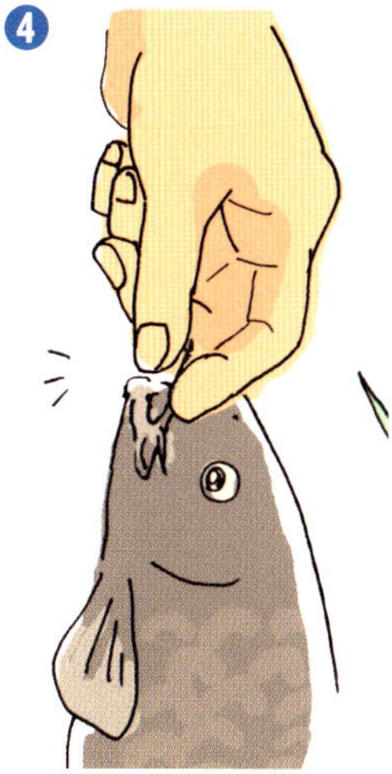

❺
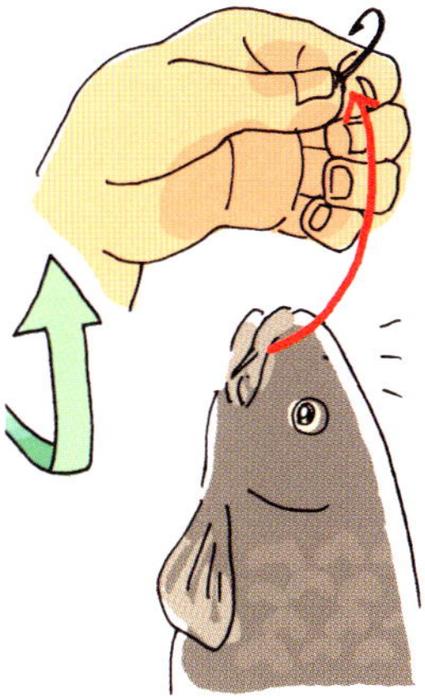

❶正面から。サカナを寄せてきたら、道糸を人差し指と親指で軽くつまむ
❷道糸を軽くつまんだ状態のアップ。このままイトに沿って指をハリのチモト部分まで　すべらせていく
❸口の刺さり部分を確認し、なるべくハリの軸をつまむようにする
❹つまんだら手首を横へ90°起こすようにする
❺かんたんにハリは外れる

ここまで出来てポイントがつく。なるべくハリスを痛めないようにすること。施設によってはバケツなどの容器へサカナを上げない所もあります。この場合はハリを外して、はじめて点数が加算されるルールになっています。

四季の大空の下リフレッシュ屋外つり堀

つり堀 No.2

屋外つり堀では、キンギョ、コイに加えて、王道ともいうべきヘラブナが一般的なターゲット。人工の施設ですが、季節や天候などの影響は自然界と変わらずあります。そこで、つるための最初の一歩に必要なキーワードを、3つ紹介しましょう。

つるための最初の一歩 1

混雑している方がいい!?　意外に重要な他のつり人の存在♪

施設がちゃんと整備されていることも大切だが、目的はあくまでもつりなので、魚影の濃さが何よりも重要だ。それを見極めるには、他のつり人の存在からチェックできる。自然界では敬遠しがちな他のつり人も、つり堀では必要な存在になることを覚えておこう。

チェック①ベテランさん？＝両隣のつり人を見て、ベテランつり師の近くにすわろう。
チェック②フラシのなか？＝他のつり人のフラシのなかを見てみよう。もしもつれていないようなら厳しいかも…。
チェック③声かけ？＝これはかなり難しいチェック方法。聞くことができれば疑問は一気に解決だが…。
チェック④アタリ？＝実際にアタリがあるか見よう。つり方にも問題はあるかもしれないが、アタリが少ないと数つりは望めないかもしれない。

つるための最初の一歩 2

つりやすい季節!? 意外にも同じだったサカナと人間の行動パターン♪

つれることは確かに楽しいが、あまりにもかんたんにつれ過ぎてしまうと、それはそれでつまらなくなってしまう。そこで、つりやすい季節、つるのが難しい季節などを把握してこう。あえてつりの難しい季節を選んでチャレンジしてみるのもおもしろい。

春 エサ食いが活発になる つりやすい時期

自然界では“乗っ込み”と呼ばれる産卵行動が活発になる時期。つり堀でも水温上昇とともに荒食い（活発な捽餌行動）になる。バクバク食べるよ。

夏 夏バテのサカナたち？ つれる時間も限られる

春からの荒食いは続きそうだが、実際は少し違う。あまりにも水温が高いこの季節は、サカナたちも夏バテ状態なのかも。汗をふきふき。

秋 冬眠準備で食欲旺盛 つりやすい時期

冬の休眠に備えて栄養が必要なため、春同様に荒食いになる時期。暑い夏もひと段落で、最高のつりの季節に。サカナも食欲の秋。

冬 初心者泣かせの時期だけど 陽気のいい日が狙いめ

サカナの動きは全体的に弱くアタリは微妙。でも水温が上がる陽気のいい日を選べば、そこそこ釣果が出る。寒いけどがんばろ〜。

つるための最初の一歩 3

いつ、つるの!? 雨だからといって、あきらめるのはまだ早い♪

当然、晴れの日はレジャー日和でもあるから、つりには最適な1日。問題なのは雨の日である。実は、つりにおいて、雨はまさに“恵みの雨”。せっかく、人工施設でつりをするのだから、雨の日も果敢にチャレンジしてみよう。

晴天は当然GO！ つり堀では自然界とちがって魚は元気。

曇り・雨は意外といい！ 雨が水面を打って溶解酵素が上がりサカナは元気。

風の強い日は完全に「×」 休業が多い。風でウキのアタリが取れないから。

※利用するときの、営業時間や料金、道具の有無、サカナの持ち帰りなどの詳しい情報は138ページを参考にしてください。

●屋外つり堀のポイント

都市近郊に多い屋外つり堀は人造箱型なため、どこでも一様に釣果はかわらないと思うかもしれません。しかし、実際は、つれる場所とつれない場所の差ははっきりとしてます。そこで、必須の３大ポイントを紹介します。

シェード（影）

立地条件にもよるが、施設内に樹木や建物、もしくは近隣にそのようなものがあって、水面に影ができる所は絶好のポイントになるので要チェック。

取水口＆排水口付近

水が絶えず動いている取水口・排水口付近は、自然の環境に近いためにサカナが集まりやすい。特に排水口付近は落ちたエサがたまるので◎なポイント。

ところかまわずつり座をかまえるとサカナの顔を見ることなく一日が終わってしまう…なんてこともあるから注意。

四隅と底のカケアガリ

つり堀では、自然界と違ってつり人からのプレッシャーは大きい。そのため、普段サカナたちは、底の四隅やカケアガリに身を寄せていることが多い。

ヘラブナつりにチャレンジ

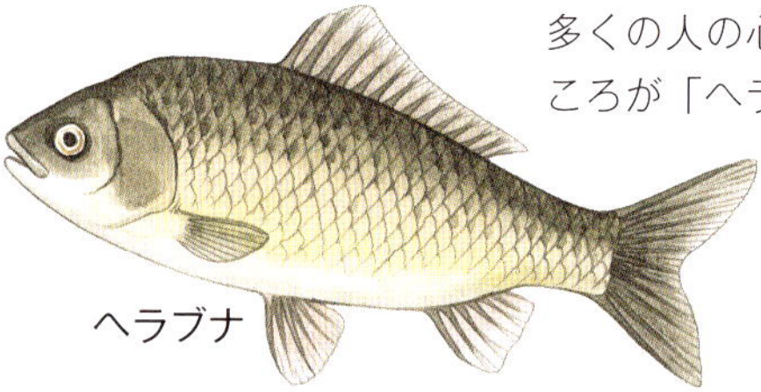

多くの人の心をつかんで離さないヘラブナつり。ところが「ヘラブナつりは難しいよ」という声をよく耳にします。でも、ただ難しいだけなら、安定した人気は維持できませんから、きっと何か大きな魅力が秘められているはず。

【コイ目コイ科】滋賀県・琵琶湖の固有種であるゲンゴロウブナがルーツ。それが食用を目的に改良品種されてカワチブナとなり、全国に移植されるようになって、ヘラブナと呼ばれるようになった。

ヘラブナつりは、キャッチアンドリリースが前提★★

ヘラブナつりは、一匹のサカナと向き合って、そのサカナをつるプロセスをトコトン楽しむゲームフィッシング。だからこそ、単なる難しさだけじゃない、奥深さがあるんですね。ゲームフィッシングですから、キャッチアンドリリースが前提となります。

仕かけはこんな↓感じです

●ウキづり仕かけ

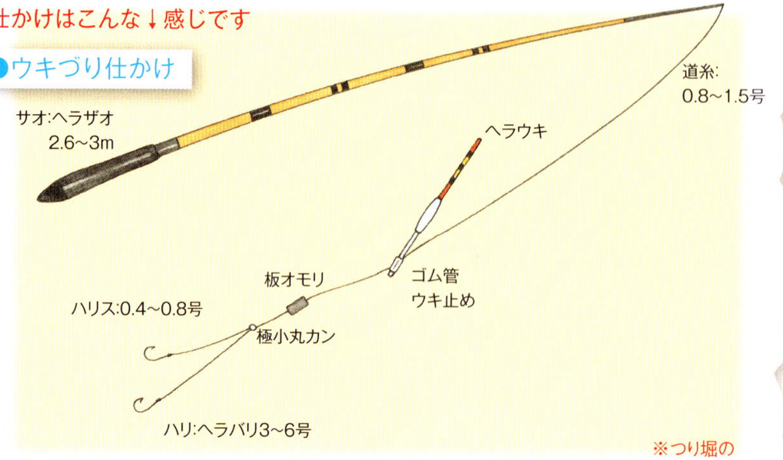

※つり堀の貸しザオもある

★基本はエサと振り込み方

ヘラブナの主食は植物性プランクトン。その昔、エサにはジャガイモやサツマイモが使われていましたが、麩末エサの登場とともにヘラブナ専用エサは急速な進歩をとげました。現在では、ジャガイモをフレーク状にしたマッシュポテト、麩をベースにした焼き麩配合エサ、小麦粉のタンパク質をベースにしたグルテンエサ、海草を配合したトロロコンブ配合エサなどの他に、サナギ粉、ニンニク粉など、多彩に増えました。

●振り込み方

ヘラブナつりの場合、すべてはつり座に座って行う必要があり、それは振り込みも同様。コツをつかんで、正確に投入しよう。

①ハリスを持って道糸を張りぎみにする。このときサオの持ち手のヒジはリラックスさせておく。

②さらにハリスを引いてサオをしならせる。力を加えるが、ヒジは力ませないこと。

③ハリスを放す。サオの反発力に合わせ、ヒジを伸ばすようにサオ先を跳ね上げて仕かけを送り込む。

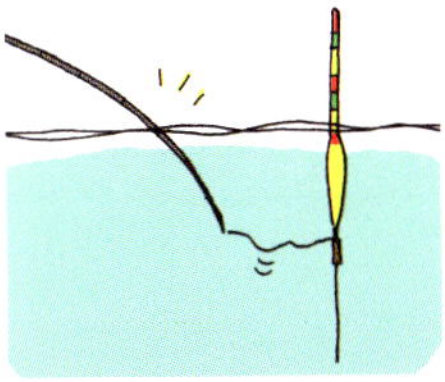

アタリを待つ。仕かけ投入後、サオ先は水中に沈めてアタリを待つ。道糸は張り過ぎないこと。

ヘラブナつりにチャレンジ

●“底立て”のやり方

ヘラブナつりでは、水深を測ることを“底立て”といいます。ときには、細かくサカナのいる層（タナ）を知る必要があるため、水深を把握できるこの作業はとても重要になります。

作業手順

① エサ落ち目モリを決める

空バリ（エサをつけていない）状態で、水面がトップのBにくるようオモリのウエイトを調節します。

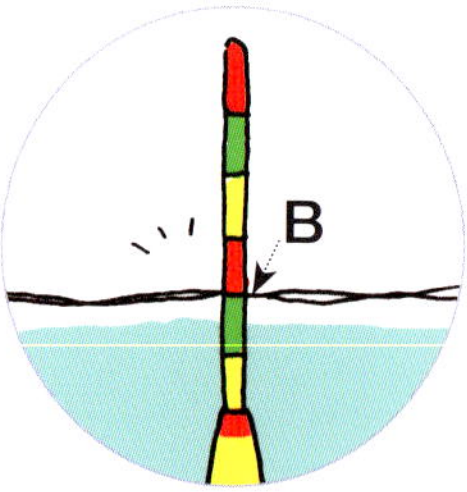
B

4目モリがエサ落ちライン

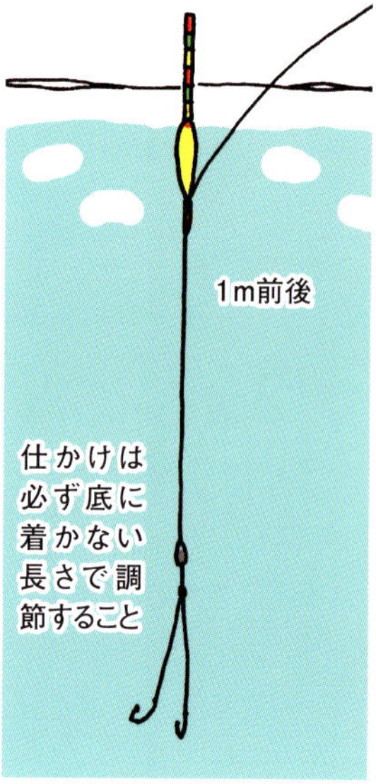
1m前後
仕かけは必ず底に着かない長さで調節すること

② タナ取りゴムを付ける

2本バリは両方ともタナ取りゴムに刺します。タナ取りゴムは消しゴムか練り消しゴムが使いやすいです。

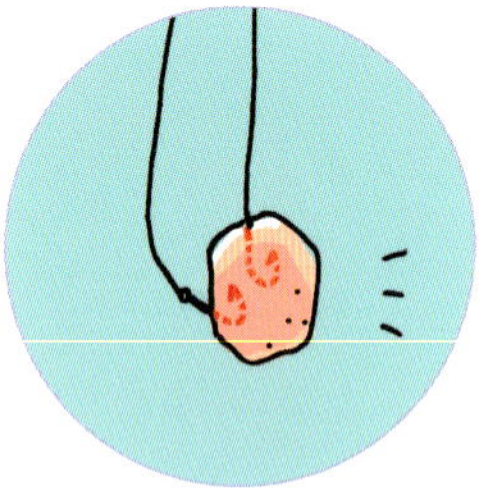

ゴムひとつに2本刺すため、下バリのハリスはたるむ

トップは水没していること
タナ取りゴムの大きさは、ウキがゆっくり沈む重さに調節する

③ タナを底に合わせる

何度か仕かけを投入しながら、水面が目モリのAの位置になるようにウキ下を調節します。

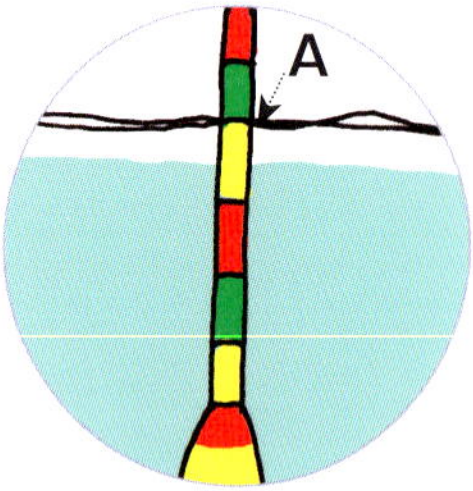
A

2目モリをAの位置にする

底

④ ここで細かく底立てをチェック

仕かけの振り込みは、送り振り込みがメインになるため、タナ取りゴム（エサ）はポイントの先へ投入されることになります。そのためにいくつか細かな修正をしなければならなりません。

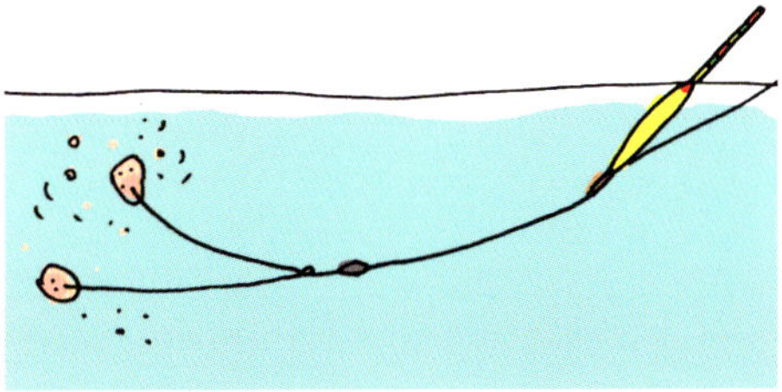

送り振り込みによって投入された直後、仕かけは水面直下で図のようなカーブを描く。

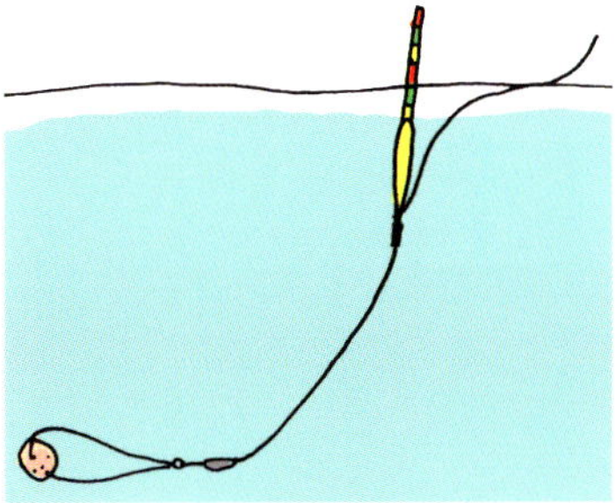

描かれたカーブは形を崩すことなく、そのまま斜めの状態で仕かけは底に向かう。

このように水中で仕かけが斜めになっていては正確な底立てにならない。ウキから上の道糸も張ってしまっているため、ウキの目モリも合っていない。

×負荷がかかってしまっている
○正確な沈み位置

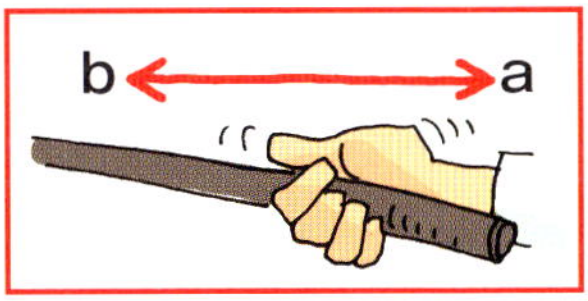

修正方法

仕かけを投入したら、サオを沖側に突き出して道糸のテンションを軽減させる。そうすれば、タナ取りゴムの真上にウキは移動することになる。トップは正確なAの位置になる

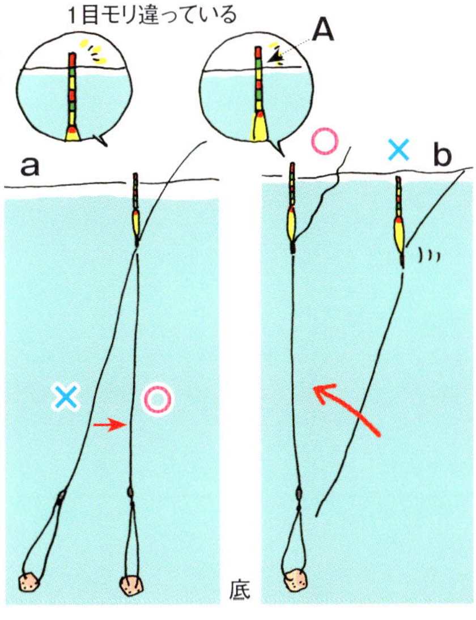

ヘラブナつりにチャレンジ

"底立て"のやり方

⑤ トンボを使って目モリ位置を合わせる

トンボって何？

トンボとは、ミャクづりなどに使うイトの目印の結び方。（P135 参照）トンボは道糸を自由にスライドできる。

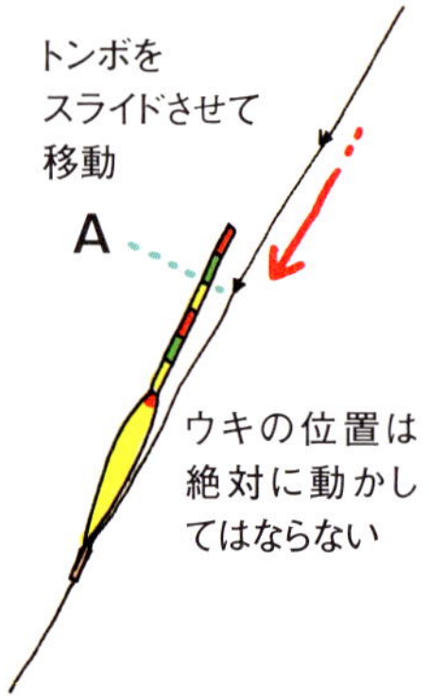

底立てできたトップの目モリ位置Aを、トンボを移動させて道糸にマークする。

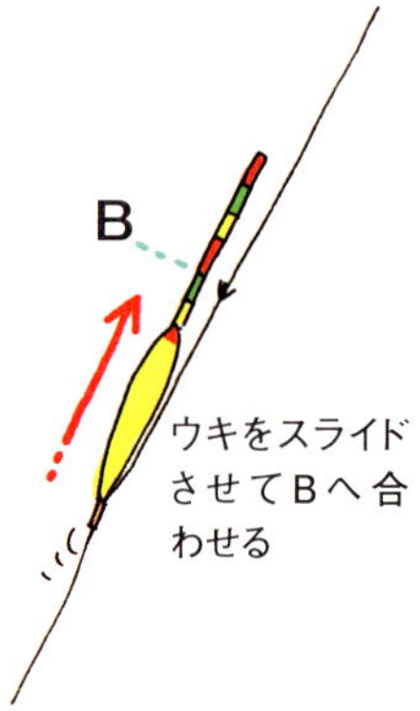

今度はマークしたトンボ位置へ、トップのエサ落ち目モリBを合わせる。

⑥ 実際にエサを付けてみる

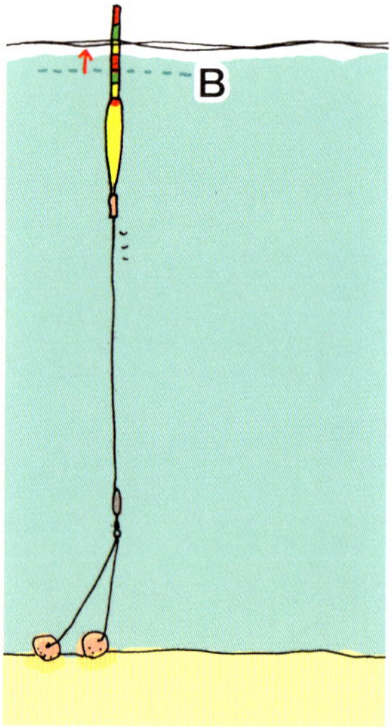

◆エサを付けた場合、当然目モリは潜った状態になります。

◆エサの大きさによってまちまちですが、中の大きさで目モリが2～3沈むくらいがアタリは取りやすいです。

◆エサが落ちいていけば目モリは徐々に上がり、エサ落ち目モリBになれば、エサは完全になくなったことになります。

◆底での2本バリは、ハリスがこのような三角形になっていることが多いです。

●ヘラブナのアワセ

ヘラブナのアタリは、淡水魚のなかでも群をぬくほどとても繊細です。通常のアワセでは難しいため、ヘラブナつり独特のアワセ方があるので、ぜひマスターしましょう。

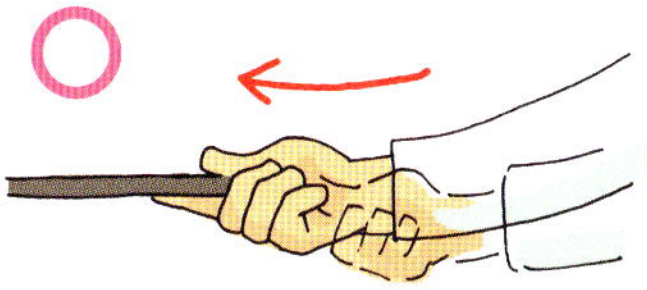

○ サオ先を突き出すようにサオを操作する。まるでフェンシングのように…

× しっかりとハリを掛けられるが、このような動作の大きいアワセはどうしても遅れが出てしまう。ヘラブナには不向き

●ヘラブナの取り込み

エサを食わせ、繊細なアタリをキャッチするまでがこのつりの醍醐味とされていますが、ヘラブナの引きには強烈なものがあります。油断できず、しかし最後まで楽しめるサカナです。

基本のヘラブナつりは、すわって取り込む。サオをしっかり立てること。その方がサオの弾力がいかんなく発揮できる。
玉網で頭からすくう。また、網でサカナを追うことはせず、サカナを網まで寄せてくること。

つり堀 No.3

高級魚がつれる、しかもたくさん!! 海上つり堀

最初はどこかの漁協か、観光課の地域振興策だったのでしょう。ところが今や“海上つり堀”は、人気観光スポットとして全国各地に増えています。その魅力とは？

海上つり堀の魅力①

カンタンにはつれない、海の人気魚たちがつれる！

海上つり堀の対象魚は、マダイ、シマアジ、カンパチ、ヒラマサ、ブリなど。当然、やすやすとつれないサカナたちですが、ここなら帰りのクーラーボックスを満杯することも決して夢ではありません。

10キロクラスの
カンパチだって
つれちゃう！

つれるサカナはどれも活きがいい。それは、まるで、ふるさとの海を愛する地元の人々の気持ちを代弁するかのよう。

海上つり堀の魅力②

エサの食いがよいサカナを放流してくれる!

海上つり堀とはいえ時間とともにサカナの食いは悪くなります。そこでタイミングを見て新しいサカナを放流してくれます。

海上つり堀の魅力③

気分は船づり♫♫ 広大なロケーションでつり放題!

海という最高のロケーションで、気軽に本格づりを楽しめるのが魅力!

海上つり堀の魅力④

思いを込めた“〆めサービス”がうれしい!

地元で育ったサカナをおいしく味わってほしい…。そんな地元の人々の思いが込められているのが、この〆めのサービス。至れり尽くせりとはこのことですね。

海上つり堀の魅力⑤

たくさんつれる確率が高い!

サカナの種類が限定されているので、シンプルなつり方で対応できる。

海上つり堀の魅力⑥

ダメなときでもサービスしてくれる!

つれなくても1～2匹サービスしてくれる所も多い。スタッフは特に初心者にやさしいよ。

※利用するときの、営業時間や料金、道具の有無、サカナの持ち帰りなどの詳しい情報は138ページを参考にしてください。

海上つり堀を楽しむためのマナー＆ルール

海上つり堀では、安全につりが楽しめるよう十分な配慮がなされています。とはいえ、海の上の施設なので、決められたルールは必ず守らなければいけません。特に、本来なら、船に乗って大海原で相手にするサカナたちを生け簀の中でつるため、つり人同士、お互いにマナーを守らないとつりどころではなくなるので、注意しましょう。

1 安全に注意

非常に危険なので、場所取りなどでいかだの上などを走らないこと。

2 つり座の移動

つり座は原則的に抽選で決めるので、他の場所が空いていても勝手に移動せず、スタッフに相談すること。

3 ゴミ対策

ゴミ類などはコンパクトにまとめておく。足場はせまいため、風に飛ばされたゴミは拾えないので注意。

4 つりザオの本数

サオは１本のみが原則。ただし、予備としてもう１本用意するのは可。

5 つり座を離れるとき

その場から離れるとき（トイレなど）は、仕かけは上げておくこと。

6 ブリなどの青物がかかったとき

本人＝周囲の人に速やかに知らせること。
周囲の人＝すぐに自分の仕かけを回収。できれば取りこみを手伝う。

7 ハリの本数など

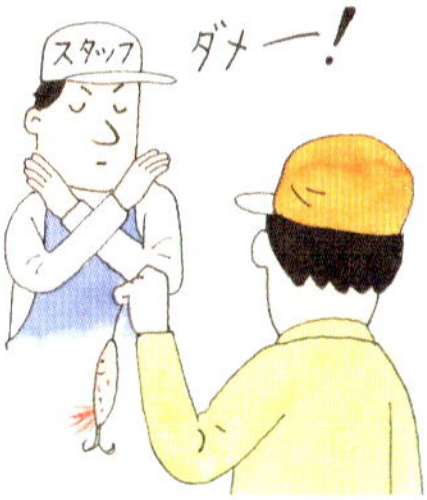

ハリは１本バリ。ルアーなどの擬似エサ禁止。

8 つれるエリアについて

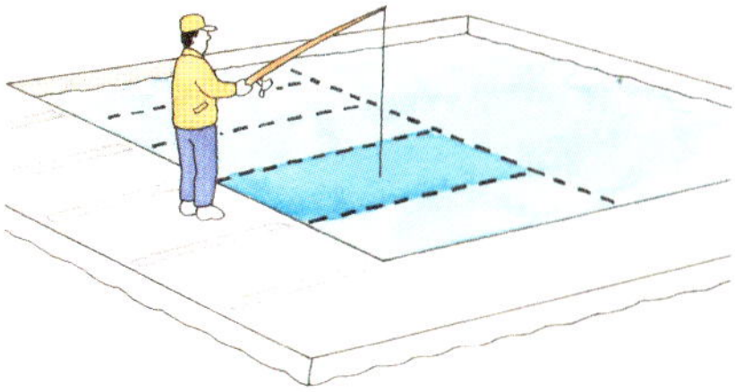

仕かけはエリアラインの延長線内の生け簀（いけす）中心まで。

9 撒きエサはダメ

撒きエサ（コマセ）は禁止。また誤解されるような行動はしないこと。

10 隣の人の距離について

つれている人の仕かけに、必要以上に自分の仕かけを近づけないこと。

★下準備と 1 日のつりパターン

海上つり堀は人気が高く、つり座の確保は飛び込みでは難しいので、事前に予約を入れる必要があります。そのためには、あらかじめ計画を立て、どこへ行くかを決めることが重要です。

●海上つり堀の下準備

まずは場所選びからスタート。いまはインターネットによる情報検索が効果的。選ぶには、いくつかキーワードがあるため、忘れずにチェックしておきましょう。

場所選び

インターネットを駆使して“海上つり堀”で情報を検索。各サイトをチェック。ワクワク楽しいひとときです。

海上つり堀選びのキーワード★★★

- ❶ 距離　現地へ、夜明け前に無理をせず到着できる距離が望ましい
- ❷ 値段　参加人数分で計算のうえ、各施設の料金を比較検討
- ❸ サカナの放流回数　多くの施設で放流を実施しているが、事前に回数を確認
- ❹ 魚種の数　魚種が多いほどいろいろなサカナに出会える
- ❺ 問合わせへの対応度　対応レベルにより、初心者大歓迎かそうでないかを判断

予約を入れる

場所を決めたら希望日を予約。初心者、または初めての施設利用なら、このときに、そのことを伝えておきましょう。

予約時に必ず確認しよう！

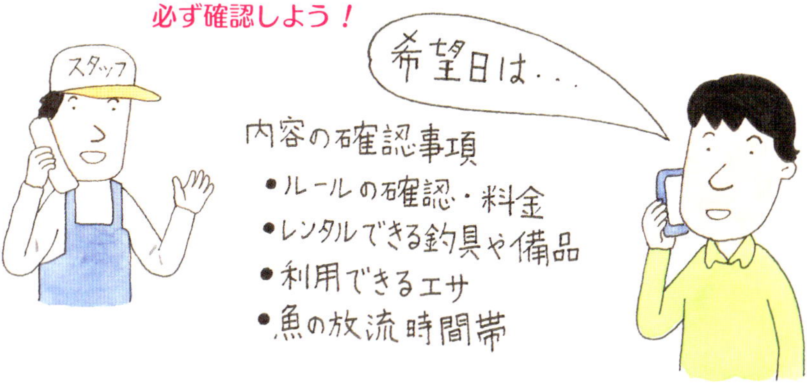

この他、● 営業時間（特に受付開始時間） ● 有料・無料のレンタル用品 ● 受付で購入できるエサの有無、など細かなことを確認しておきましょう。

特に大事な確認事項

現地と自宅の天候が同じとは限らないので、台風や時化《しけ》（強風）等による中止の確認方法は必ず聞いておきましょう。到着してみたら「本日営業中止！」なんてことのないように。中止の場合の施設のほとんどが、前日の天候から判断して営業の有無を決めています。

【キャンセル料について】

何らかのアクシデントで中止になった場合、キャンセル料の有無を確認。たとえ支払う必要がなくても、必ず連絡は入れましょう。

※キャンセル料は「3日前までに連絡すれば不要」「当日キャンセルは料金 50%を支払う」など、施設によって異なります

●1日の釣行パターン

海上つり堀は先にも述べたように時間制。初心者の方は、限られた時間内でつることに最初はとまどうかもしれません。それを防ぐには、おおよそのスケジュールをあらかじめ把握しておくことが大切。典型的な1日のつりパターンを紹介しておきます。

①出発

余裕をもって、少なくても1時間早く出発しよう。

②つり具店でエサを購入（必要に応じて）

海上つり堀の受付では入手できないエサを事前にチェックし、購入しておく。

③到着

すぐに受付。料金の支払いや場所決めのくじ引き。また必要な情報収集もこのときに行う。

④移動

渡船に乗る場合は桟橋に移動。
受付を済ませていれば、名前などが呼ばれる。慌てないように注意。

5 生け簀に乗る

つり場（生け簀）に着いたら、指定された釣り座へ移動。決して走ったりしない。

6 道具の用意

道具やスカリ（専用魚篭《びく》）をセット。タナ取りもしておく。

7 つりスタート

放流時と同じくらい、この時間帯がもっともつれやすい時間帯。

8 1回目の放流

タイやシマアジなどの放流が多い。

9 2回目の放流

青物などの大物が大網で一匹ずつ放流される。

10 つり終了

時間が来たらすみやかに仕かけを回収して終了する。

11 サカナを〆（しめ）てもらう

スタッフに〆めてもらい、クーラーか発泡スチロールケースに氷を入れて詰める。

12 帰宅

マダイ・シマアジをつろう

海上つり堀の定番といえば、マダイとシマアジ。放流量が安定しているだけでなく、かんたんに口を使ってくれるので、まさに海上つり堀入門にふさわしいサカナといえます。

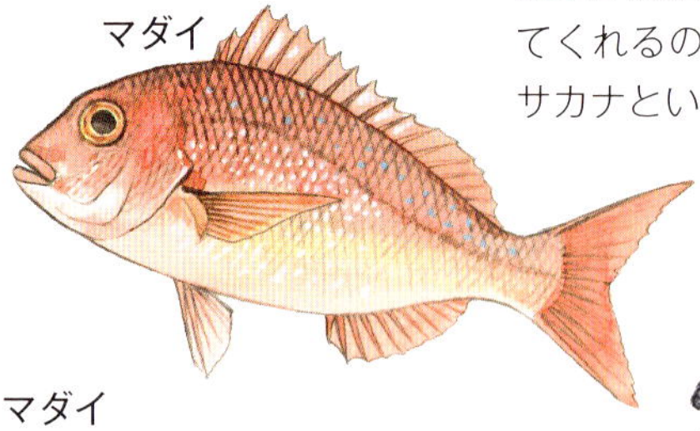

マダイ

【スズキ目タイ科】オキアミが万能エサとして登場するまで、全国には多種多様なマダイ仕かけがあった。自然相手では、陸からのつりなら広範囲を探れるウキづりが有利。

シマアジ

【スズキ目アジ科】体長は約60cm。近年では養殖が盛ん。掛かったときの引きが強烈なためつり人に人気の魚種。ただし、引きの強さの割に口が弱く切れやすいので注意。

マダイ、シマアジで、その日のコンディションがわかる！★★★

特にマダイは、つれ具合によってその日の施設のコンディション（水温や潮流など）を知る目安にもなります。まずは、この2匹をスタートと同時に狙いましょう。

仕かけはこんな↓感じです

●遊動式仕かけ

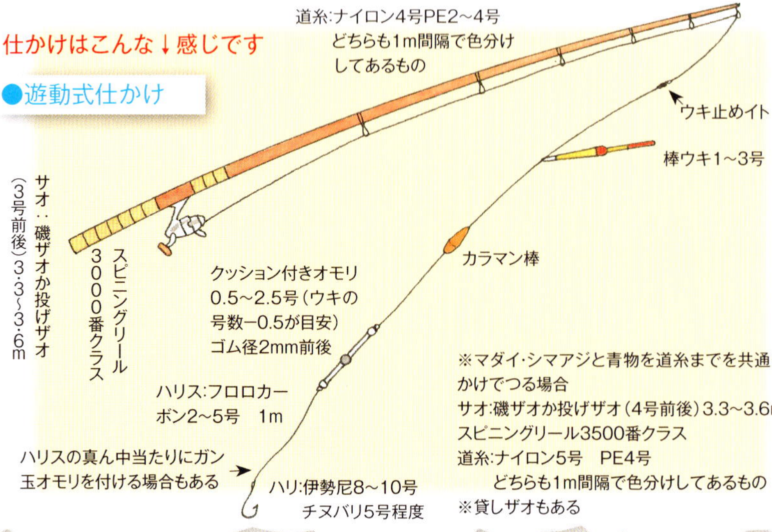

※マダイ·シマアジと青物を道糸までを共通仕かけでつる場合
サオ:磯ザオか投げザオ（4号前後）3.3～3.6m
スピニングリール3500番クラス
道糸:ナイロン5号　PE4号
どちらも1m間隔で色分けしてあるもの
※貸しザオもある

★海上つり堀のメイン“遊動式仕かけ”の特徴

ウキがゴム管などによって固定されるのではなく、環付きになっているため、道糸のある範囲（ウキ止めイトからカラマン棒まで）を自在に移動できる仕かけです。

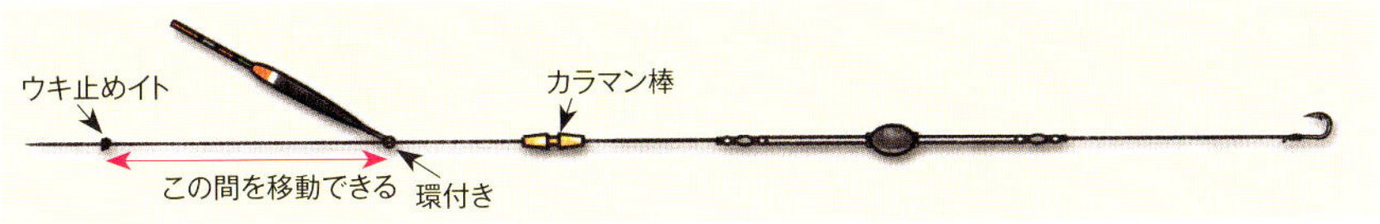

●遊動式仕かけの利点

その①　タナの変化に即対応

ウキの位置を変えることなく、落とし込む仕かけの長さによってタナを調節できる。

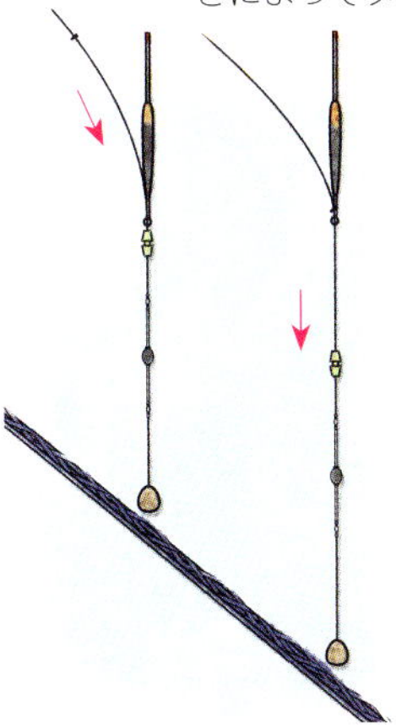

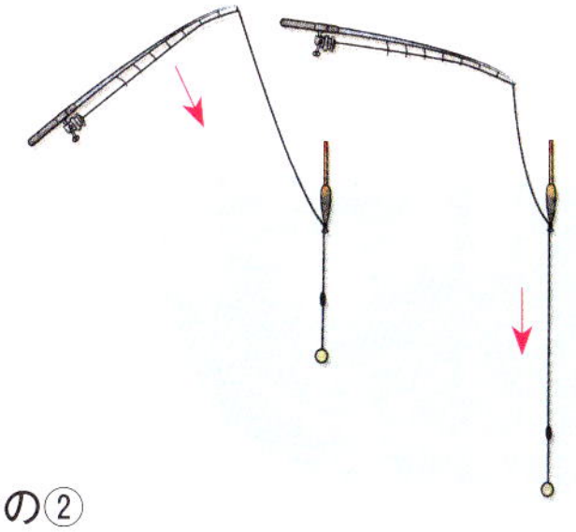

その②
落とし込むスピードを操る

落とし込むスピードを自在に操れるため、サカナの食い気に合わせて誘うことができる。

●クッションゴムの特徴

メリットその①　アワセ切れ防止

特にシマアジのような口の弱いサカナに対して有効。遠慮なく鋭いアワセが実行できる。

メリットその②　ヤリトリでの軽減

マダイのように首を振るサカナや大物の強力な引きに対して、そのショックを吸収する。

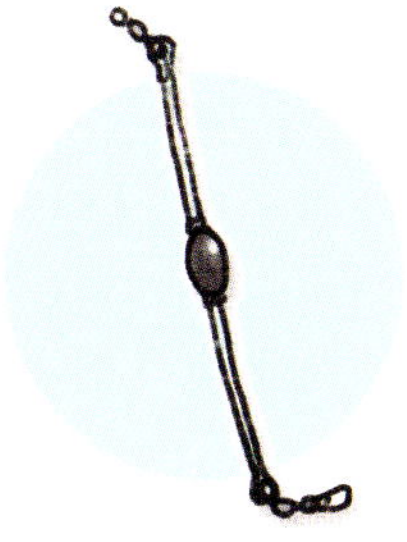

マダイ・シマアジをつろう

☆実際につる前にすること

つり開始までにやることは、ひとつは仕かけの準備。もうひとつはタナ（底）取りです。これを怠ると仕かけが生け簀（いけす）の底網の外に出てしまったりするので、必ずやりましょう。

●タナ（底）取り

生け簀のなかは網になっているので底までの水深は一定でない。サカナも最も深い中心部から手前のカケアガリ部まで移動するため、各ポイントでのタナ（底）取りをしておく必要があります。

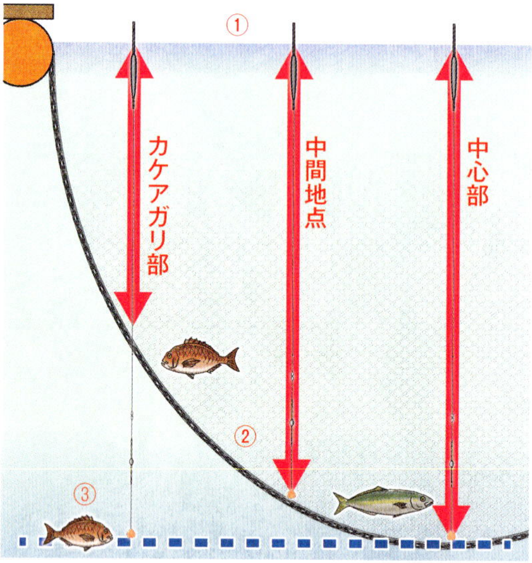

① 各ポイントで、エサが底網に付く長さでウキ止めイトをセット。
② 各ポイントで底付近を、丹念かつ心配なく攻めることが可能。
③ 中心部のウキ下の長さでカケアガリを攻めると、エサは底網の外へ。外のサカナがつれてしまうと取り込みは不可能で最悪の状況におちいる。

※底取りには市販の専用器具があり、レンタルできる施設もある

タナ（底）取りの準備①
オモリのウエイト調整

ウキの浮力を目安にオモリのウエイトを調整

A　エサが付いているときの水面の位置

B　エサがなくなったときの水面の位置

C　どんな状況においても、必ずボディ部分は水面下に調整する。この位置よりボディが浮いていると抵抗になってサカナの食いは悪くなる

※調整の際、それぞれの位置を把握しておけば、効率よくつりができて、アタリも格段に取りやすい

タナ（底）取りの準備②
ウキ止めイトの移動

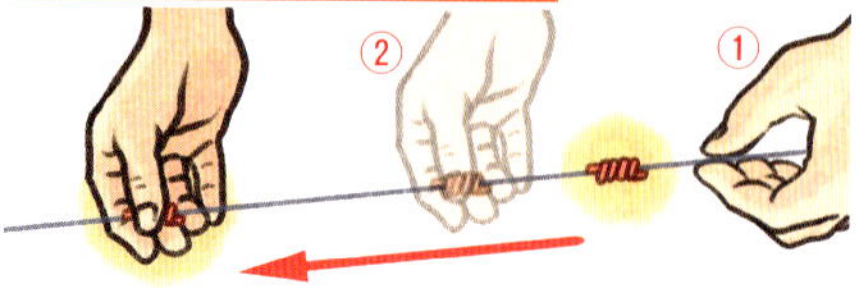

①左手で移動させたい方向とは逆側の道糸を２本の指で押える。
②右手の人差し指と親指でウキ止めイトをつまみ、スライドさせて移動する。

※ウキ止めイトの結び方は135ページ

●海上つり堀に有効なエサと付け方

海上つり堀において、何種類かのエサを用意しておくことは重要です。理由は、施設内は撒きエサ禁止であることと、生け簀内ではエサへの興味（飽き）の失せ方も早いからです。

◆ベースになるエサ

①ダンゴエサ

魚紛がベース。養殖魚のエサのペレットと基本同じ

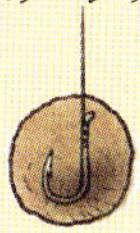

A ダンゴ
そのままダンゴで付ける

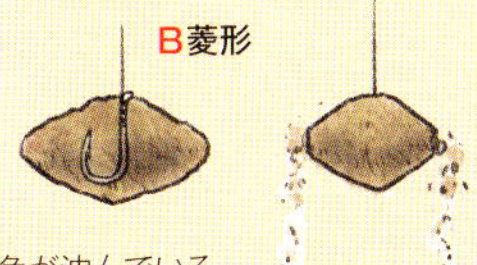

B 菱形
角が沈んでいる最中に崩れてコマセの役割をする

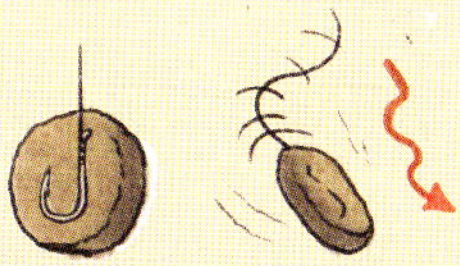

C 煎餅形 ヒラヒラと沈んでサカナを誘う

※ハリ先を出すか出さないかは、その時の活性で出すほうが当然アワセやすい

②エビエサ

オキアミと活エビ（ウタセエビ、シラサエビ））がある

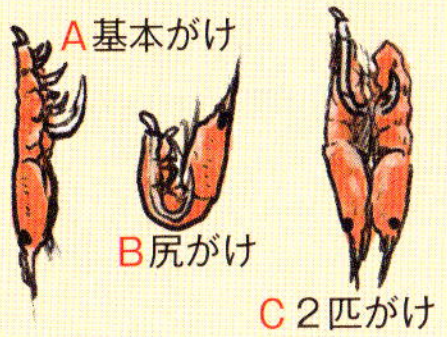

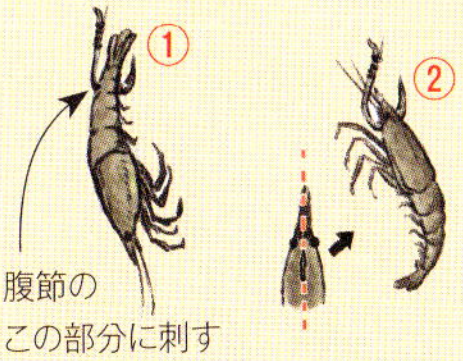

①**頭掛け** 黒い部分に刺してしまうと死んでしまうので注意
②**尻掛け** 体内の黒い筋に刺すと弱りのが早くなってしまう

③虫エサ

ゴカイ、イソメ類など基本は切らずに一匹がけにする

※自然界のようなエサ取りの心配がないため、いかにサカナへアピールするかをメインに考えよう

◆応用＆青物用のエサ

①身エサ

○目刺し掛け
○潰しての目刺し掛け（臭いと形でアピール）

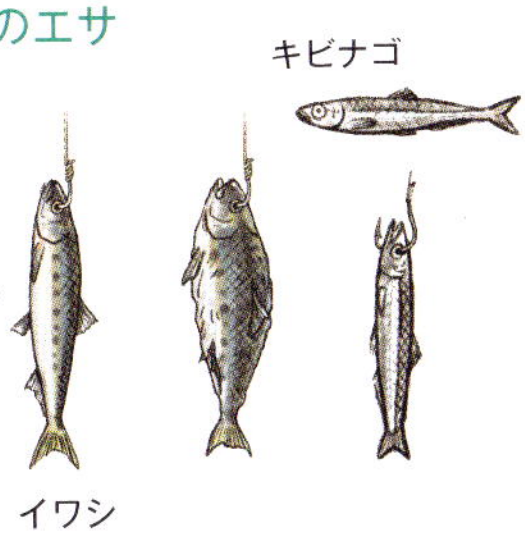

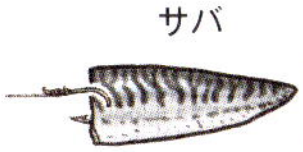

チョン掛け（三枚におろして皮から刺す）

②活きエサ

いろいろあるが鼻掛けがつりやすい

※事前の問い合わせでは、種類の有無だけでなく人気のあるエサも聞いておく。購入の際は、施設に近いつり具店を選べば、その分鮮度（活き）は保たれる

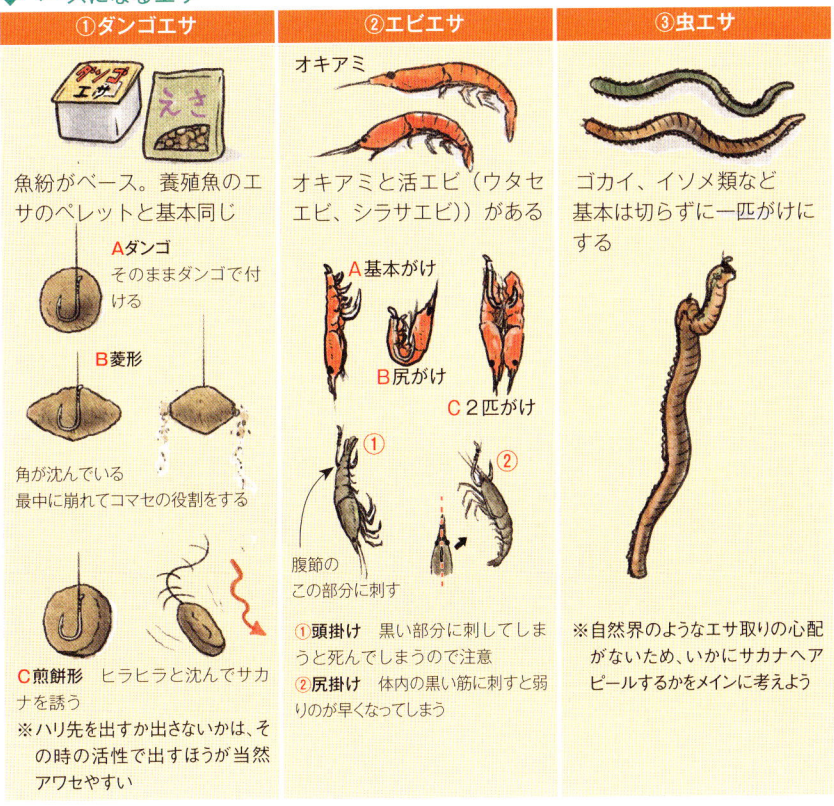

マダイ・シマアジをつろう

☆いよいよつりスタート！

合図とともにつりを開始。1回目の放流前ですが、早朝タイムはもっともつれる時間帯です。仕かけをそれぞれのタナに合わせつつ、エサをローテーションしながら、この日のヒットパターンを導きましょう。

●ポイントについて

放流前なので、サカナを探すようなつり方になります。ポイントは主に底近くになるため、底取りをした3か所を重点的につるようにします。あわてずにじっくり腰を据えて攻めます。

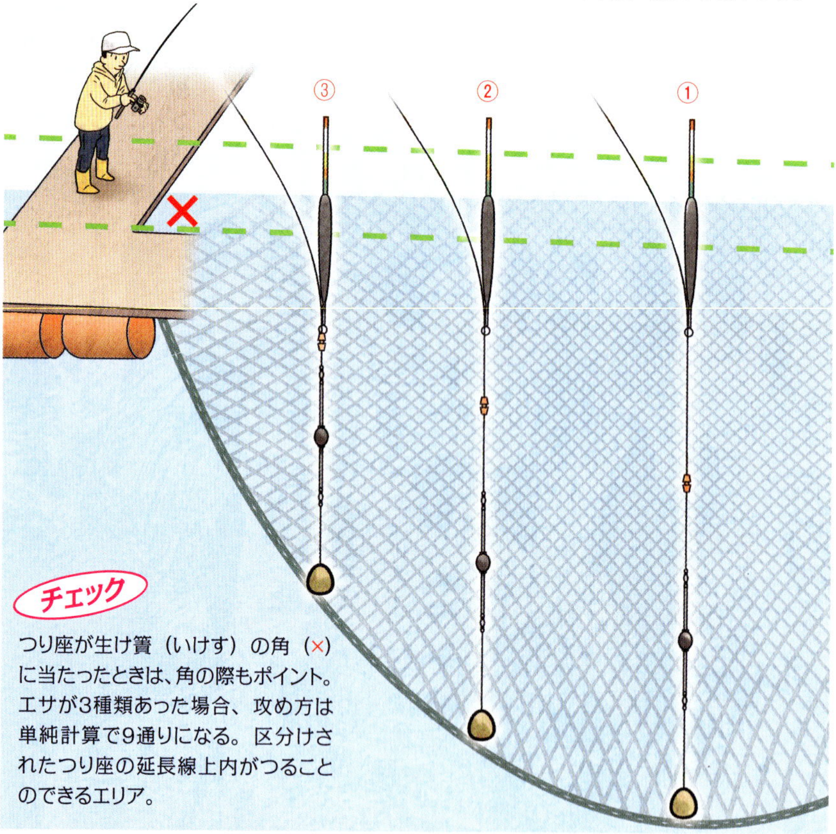

チェック

つり座が生け簀（いけす）の角（×）に当たったときは、角の際もポイント。エサが3種類あった場合、攻め方は単純計算で9通りになる。区分けされたつり座の延長線上内がつることのできるエリア。

◆攻めていく順番

① 中心部のここは生け簀の最深部でもある。まずはここに仕かけを投入してていねいに探る
② ①のポイントでアタリがないときは、直線にして少し手前側を攻めてみる。ここは生け簀の網が傾斜しているところ。当然、タナも浅くなる
③ つり座からすぐの直下も探る。ここは底網がカケアガリになっている、絶好ポイントのひとつ

●アタリとアワセ

アタリについては、活性の高いときと悪いときのウキに出る反応の違いを見極めることが大切です。それぞれのパターンについての特徴と基本的なアワセを紹介しましょう。

活性が高いときのアタリ（つりやすい）

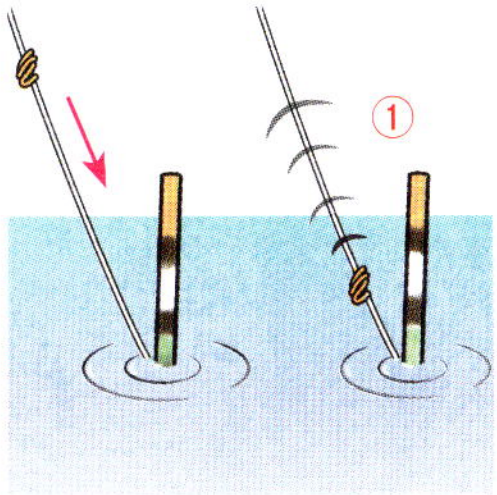

ウキ止めイトまでゆっくり落とし込んでいく。これが誘いとなる　落とし込む速度もいろいろと変化させる

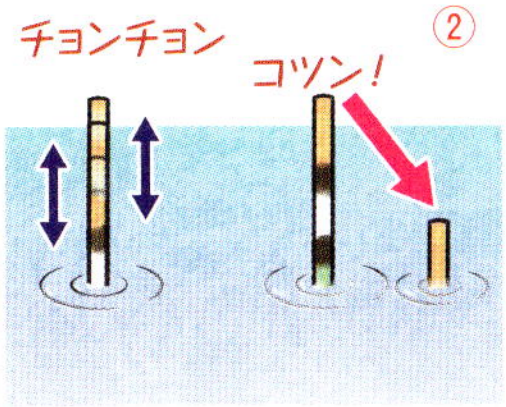

前アタリがある。チョンチョンとかコツンとくる感じ。ここでアワセてもまずハリがかりはしない　チョンチョンコツン。じっと待つ

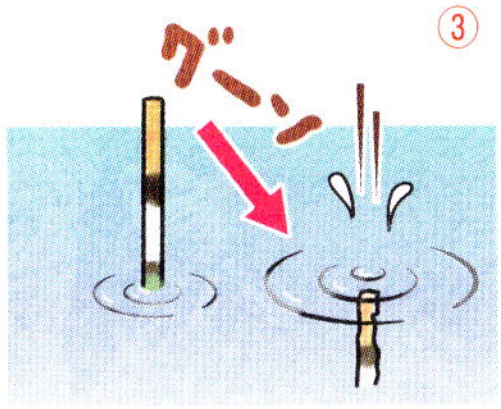

待つとグーンンとウキが海中へと沈み込む。このときがまさにアワセのタイミング「ビシッ!」と強めにアワセよう

活性が低いときのアタリ（ちょっとつりにくい）

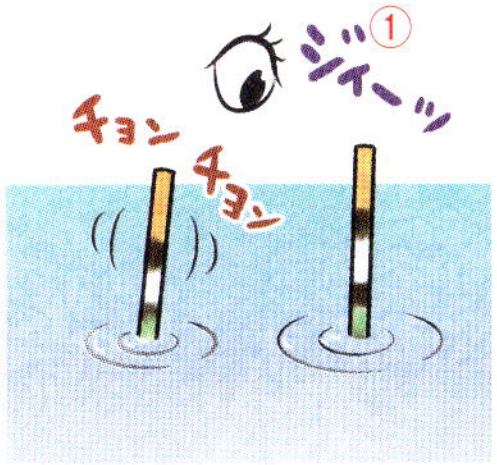

前アタリの後、ウキが消し込まない。アワセのタイミングがつかめないはず

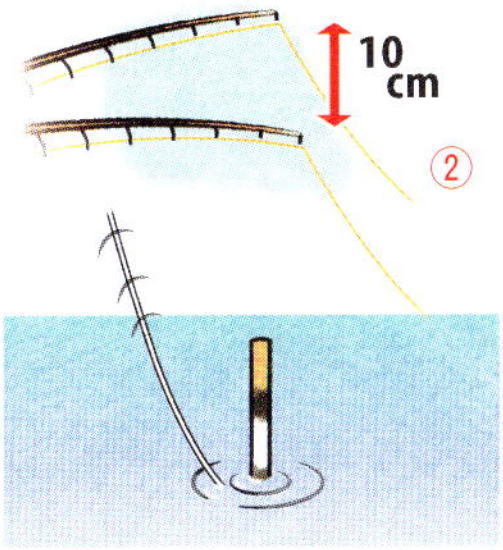

少しサオ先を下げてイトを送り込む。サカナの口の中へエサを届けるイメージ

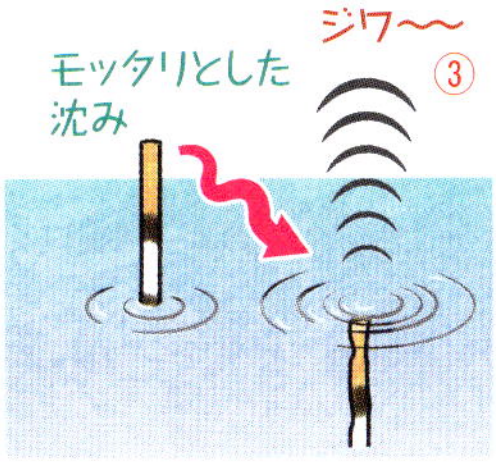

ゆっくりだが確実にウキは沈んでいく。このときにアワセを入れるようにする

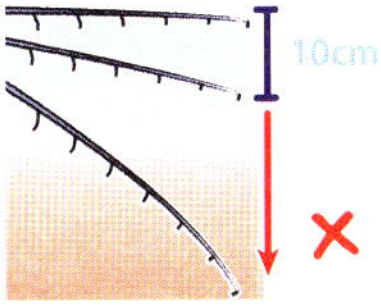

決して10cm以上はイトを送り込まないこと。警戒して食いが悪い場合、オモリのウエイトを感じると、サカナはエサを放してしまう

10cm以上サオを下げた状態。オモリはサカナよりも下へ落ちてしまう

※この他の理由でアタリをキャッチできてもアワセられないときは、アワセそのものが遅いか、弱いことが原因に考えられる

青物をつろう

青物とは、背が青みがかった大物の総称。特にカンパチ、ヒラマサ、ブリが海上つり堀の御三家になっています。しかし、普段のつりなら難しい青物でも気軽につれるのが海上つり堀です。おくせず、果敢にチャレンジしてみましょう。

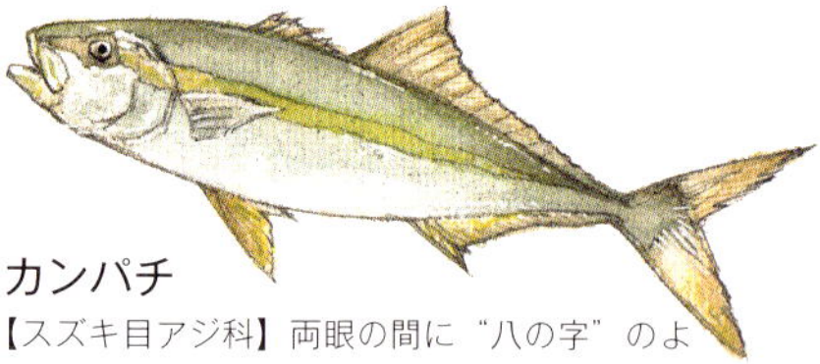

カンパチ

【スズキ目アジ科】両眼の間に“八の字”のような帯があることからこの名がついたとされる。ブリの仲間のなかでは最大になり、大きいものは体長1.5ｍに達する。

ブリ

【スズキ目アジ科】出世魚といって成長するに従い呼び名が変わる。関東ではワカシ→イナダ→ワラサ→ブリ。関西ではツバス→ハマチ→メジロ→ブリとなる。

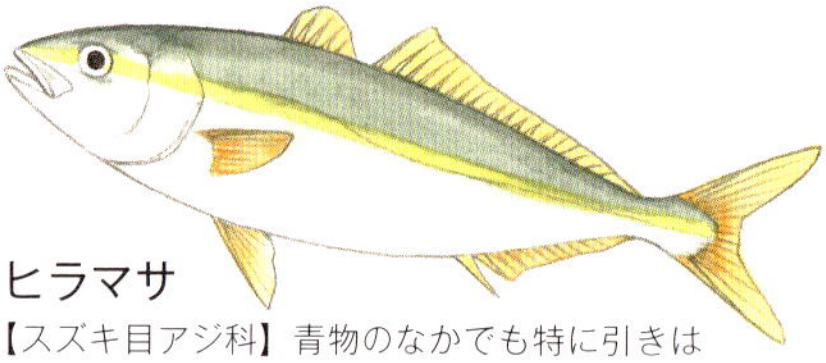

ヒラマサ

【スズキ目アジ科】青物のなかでも特に引きは強く、しかもヤリトリは長時間に及ぶくらいスタミナのあるサカナ。成長が早く、1年物で体長は約40cmに達するほど。

強烈な引きが魅力
ビッグなつりが楽しめる！★★★

大きさはといえば、1ｍ越えなんてあたり前。引きも強烈なため、マダイ・シマアジの仕かけとは分ける必要があります。

仕かけはこんな↓感じです

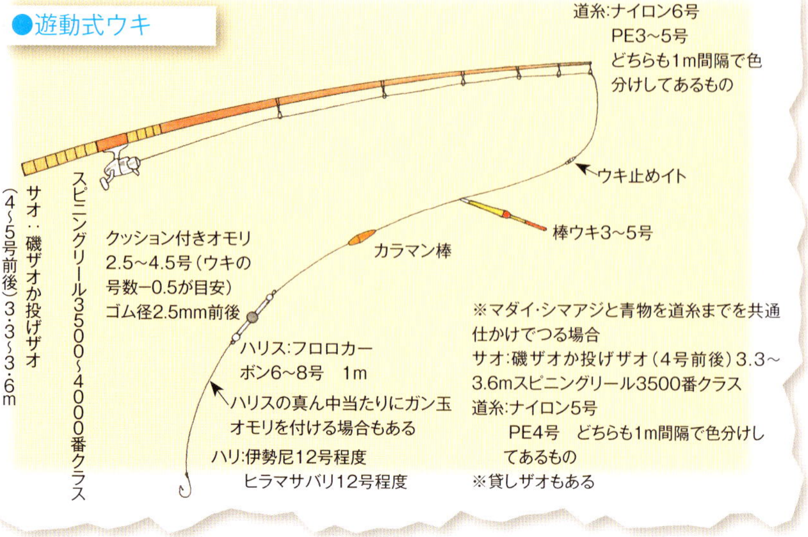

●青物のエサ

エサには活きアジが一番。活きが大切ですが、船づりなどと違って活きが良過ぎると、大きく∞の字を描いて隣のエリアに入ってしまい、他の仕かけとオマツリ（絡まること）になることも…。

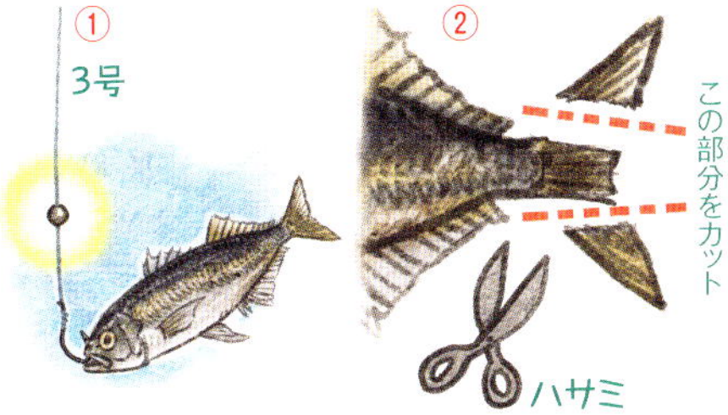

対処法

①ハリスにオモリをかまして、動きを抑制する
②尾びれをカット。あえて泳ぎを悪くする
※ハリの付け方にはいろいろあるが、鼻に刺すのが海上つり堀のスタンダード

☆青物つりスタート！

放流前から青物をねらってもかまいませんが、できれば最初は比較的つりやすいマダイかシマアジが得策。青物は放流サービスを待ったほうがヒットの確率は格段に上がります。

●青物をつるポイント

狙う魚種に合わせてタナを攻める

ポイント①
それぞれのタナ

ほとんどの施設が1回の放流で1種類のサカナを放流するシステムを行っている。すなわち、1回目はマダイ、2回目はシマアジ、3回目は青物といった具合です。

生け簀（いけす）のなかといえどサカナの習性などによって、それぞれ定位するタナは違います。つまり、せっかく青物が放流されたのにマダイのタナを狙っていれば、つりそこねてしまうかもしれません。青物は大型魚なため、1回の放流による匹数はそんなに多くはありません。早い者勝ちの精神で挑みましょう。

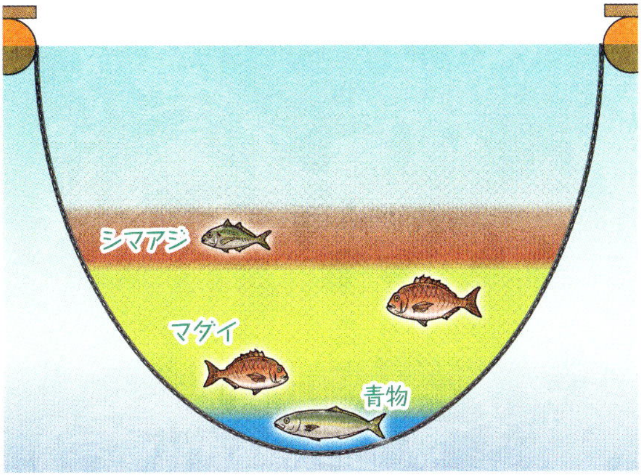

青物をつろう

●青物をつるポイント

ポイント② 回遊コース

青物はその習性によって、放流後、生け簀（いけす）のなかで回遊をはじめます。そのため、生け簀の真ん中を狙いにくいつり座に当たったとしても、十分チャンスはあることを覚えておきましょう。

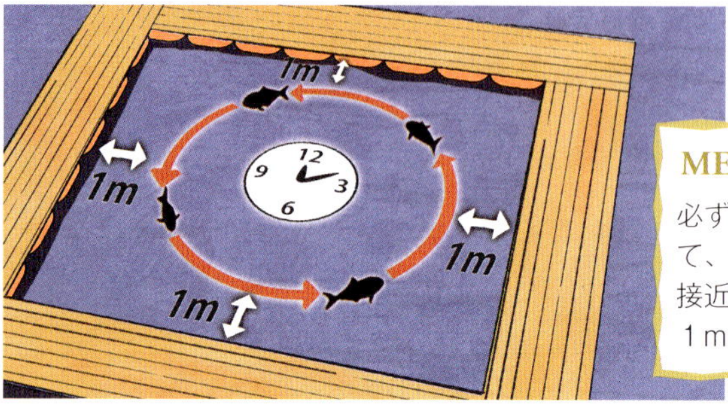

MEMO

必ず反時計回りに回遊していて、足場の筏（いかだ）には接近してこない。最低でも約1mは離れて泳ぐ

●青物のつり方① まずは基本をためす

◆狙えるつり座は限られるが、青物の一級ポイント「底の最深部、生け簀のど真ん中」を狙う

当たったつり座によっては、生け簀の中心を狙うのは難しいかもしれませんが、もしも狙えるつり座にいるなら、青物の一級ポイントに活きアジを落とし込んでアタリを待ちましょう。ポイントは底にありますが、放流直後に上（うわ）ずっているサカナもいるので、念のため、誘うように底までゆっくり仕かけを落としていきます。

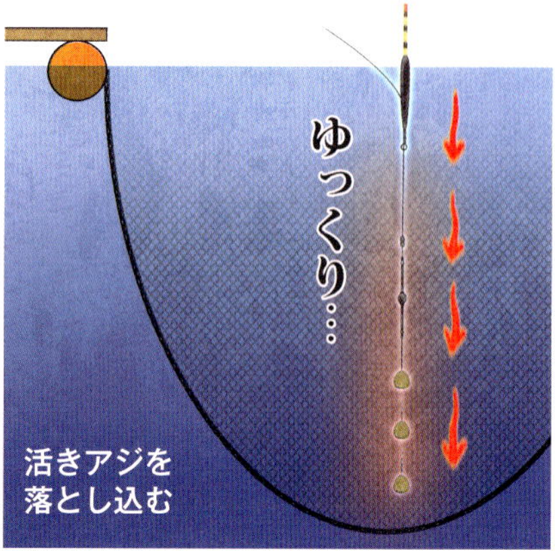

●青物のつり方② …………“シャクリ” を加える

通常の食い気があれば、基本の落とし込みでも十分アタリはあるはず。しかし、食い渋りがあってサカナの反応がないときは、“シャクリ” をプラスしてさらにサカナの食い気をあおろう。

シャクリって何？ サオを上下に動かして水中でエサをおどらせてサカナを誘う。これを“シャクリ” といいます。

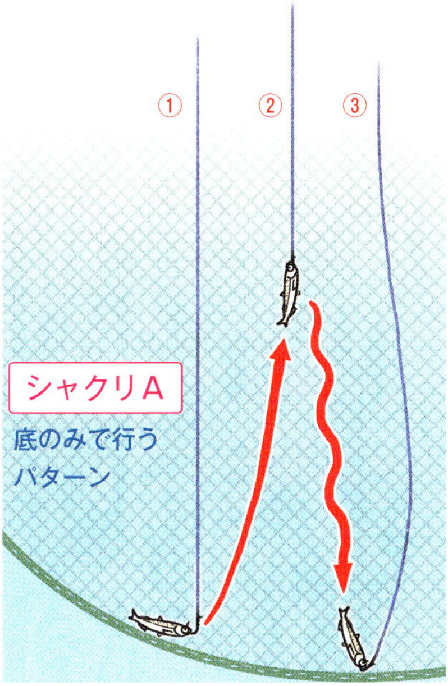

①まず底まで活きアジを落とし込む
② 50cm くらい、サオでシャクリ上げる
③ 再び、落とし込んでいく

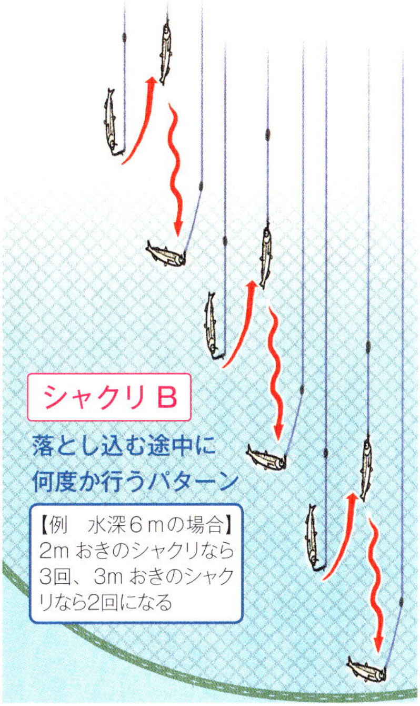

底付近でアタリがないときは、Ａのシャクリを落とし込んでいるときにも行って、各層を探ってみる

シャクリパターン

①小刻みなシャクリ

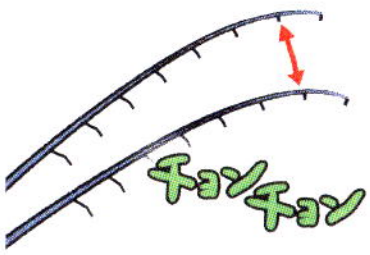

小さくサオ先だけを上下させる

②大きなシャクリ

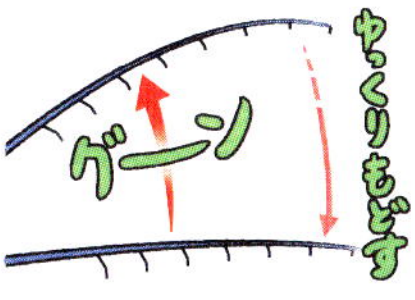

サオ全体で大きくシャクル。戻しは倍の時間をかけてゆっくり戻す

③段差のあるシャクリ

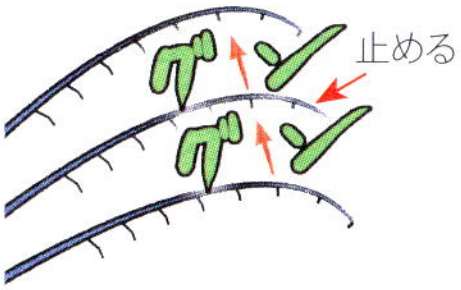

シャクリの途中で一度止める。このときにエサの動きが変化する

青物をつろう

☆ヤリトリと取り込み

海上つり堀で気をつけたいのがヤリトリ。かかったサカナは狭い生け簀の中を縦横無尽に走るので、これがオマツリなどのトラブルの原因に。特に青物は引きが強力なうえに、一度バラすとその後のアタリが途絶えてしまいます。ここでは、そうならないために必要な知識と技を学びます。

ヤリトリって何？
ハリ掛かりして水中で抵抗するサカナを寄せてくること。これを“ヤリトリ”といいます。

Talk About ドラグ

イト切れを防ぐ、取り込みの強い味方★★★

ヤリトリに必要不可欠なのが、リールに装備されているドラグ機構。これは設定以上の力が加わると自動的にイトがリールから出ていく機構で、イト切れを防いでくれます。

ドラグの種類

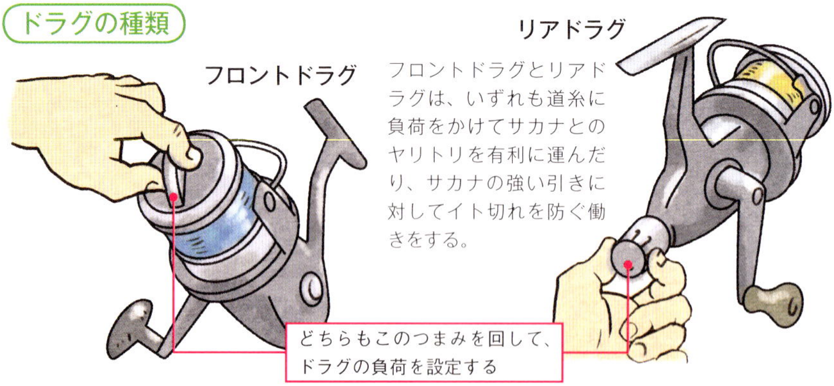

フロントドラグとリアドラグは、いずれも道糸に負荷をかけてサカナとのヤリトリを有利に運んだり、サカナの強い引きに対してイト切れを防ぐ働きをする。

ドラグの調整法

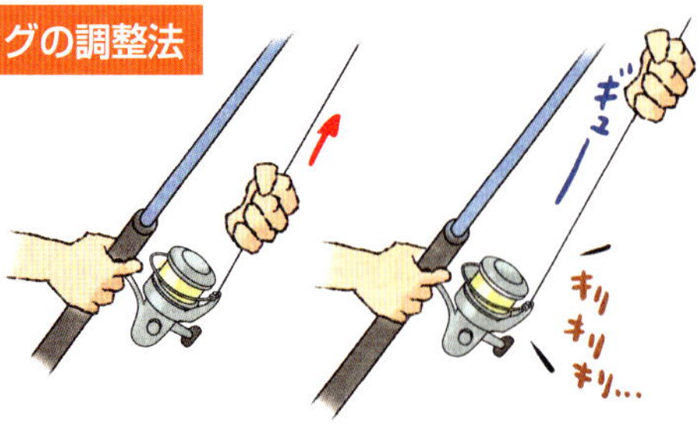

①リールから出ているイトを握って引っ張ってみる
②ドラグが“ジージー”と鳴ってイトが出るくらいに調整。ドラグは負荷（ブレーキ）をかけていることにもなるため、サカナを疲れさせ、ヤリトリを有利にできる優れもの。

知っておきたい豆知識

周囲のつり人に青物がかかった場合の暗黙ルール

周囲のつり人に青物がかかった場合、近くの人たちは、そのサカナが取り込まれるまでは「一度仕かけを回収する」という暗黙のルールがあります。要請があれば、取り込みのサポートもしてあげましょう。

●ヤリトリのコツ

青物がかかると、他の人たちは一度仕かけを回収して取り込みを待ってくれますが、同時にプレッシャーにも。そんなときに知っていると安心なヤリトリのコツを紹介します。

ヤリトリのコツ① ポンピング

サオの反発力を利用してイトを巻きとる作業

①リールのハンドルを握り、サオを立ててサカナの引きに耐える。決してサオを寝かせないこと。かかったら「青物ヒットしました―」と一声。必ず周囲に伝えること

②ドラグが止まったら、さらにサオを起こしていく。動作はサカナをズリ上げる感覚に近い。腕というより、腰を起点に上半身で起こす。サオとイトの角度は約90°くらいがベスト

③この位置までサオを下ろす。このときにできるイトのたるみをリールで巻き取る。①～③を繰り返してサカナを寄せる

※シマアジは口が弱いため、無理なヤリトリは禁物

※青物のバラシには徹底して注意。バラすとアタリは激減してしまう

ヤリトリのコツ① サオのいなし

サカナの逃げる方向に対して逆の方向にサオを倒して抵抗する動作

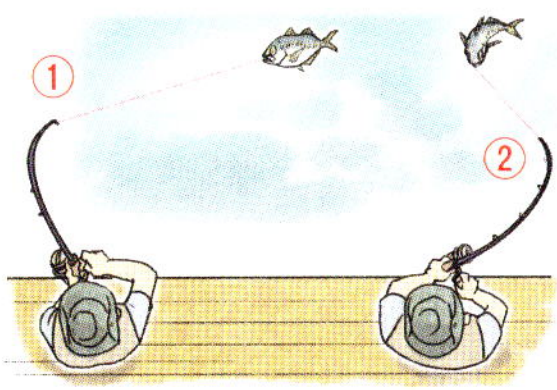

①サカナの逃げる方向とは逆側にサオを倒して抵抗。倒してもサオとイトの角度は約90°に保つ

②タイミングを見計らい、今度はサカナにサオを向ける。このときにできるイトのたるみを巻き取る

①～②を繰り返してサカナを寄せる

●取り込み

取り込みは網にサカナを遊動するようにする。決して網でサカナを追いまわさないこと。そして、頭からすくい入れる。

青物をつろう

☆よりたくさんつるためのコツのコツ！

早朝のマズメ時や一日に何度かある放流タイムこそ、絶好のチャンス。これを逃してしまうとアタリは遠のいてしまうことも…。せっかく高い料金を払っているのですから、手をこまねいていては大損です。そこで、海上つり堀を攻略するためのコツや注意点を紹介します。

青物つりで気をつけること＆やってはいけないこと

ささいなミスで、せっかくのチャンスを逃してしまうのはとっても残念。とはいえ、初心者ほどそんな失敗を起こしがちなのもまた事実。でも大丈夫。そのほとんどはちょっと注意を払えば避けられることばかりなんですから。

仕かけのチェック

道具をレンタルした場合、道糸やハリスのキズチェックは必須。そしてクッションゴムの劣化も必ず確認する。

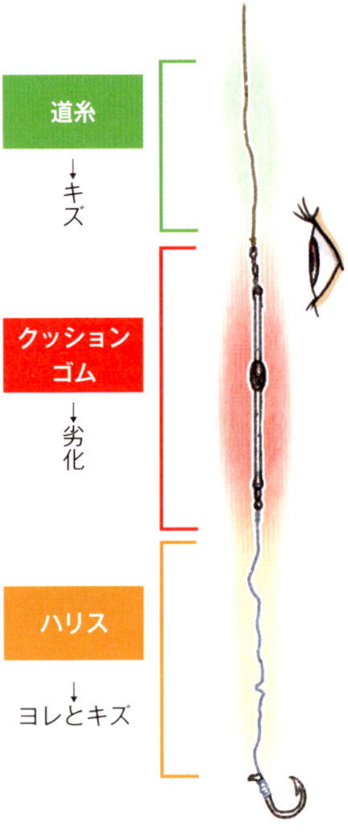

細仕かけはダメ

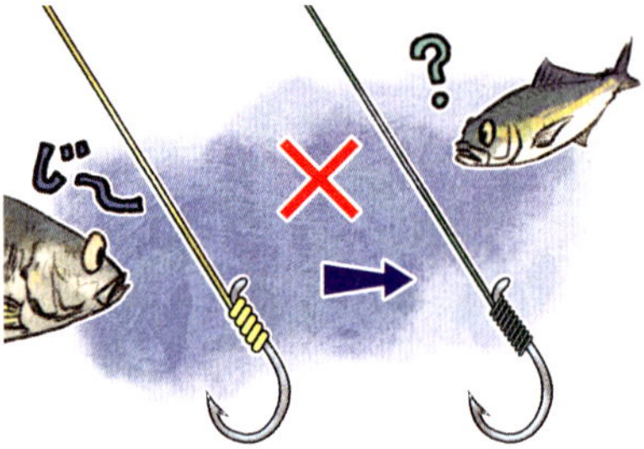

つれない状況下で細仕かけを薦めるケースもあるが、初心者はあえて真似しないこと。細仕かけは扱いにくくトラブルを起こしやすい。それに、手返しが悪くなって、結果、効率的なつりはできない

仕かけ投入後、必ずチェック

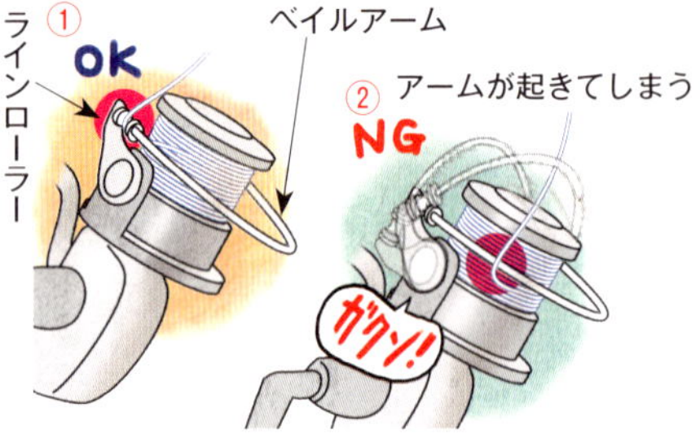

①投入後にベイルアームを戻した際、道糸がラインローラーにあることを確認
②もしもベイルアーム上に道糸があると、アワセは失敗に…

●コツのコツ①

つり座によって狙うサカナを絞り込む！

つり座は受付後の抽選によって決められます。つまり運次第なのです。つり座によっては、無理をせず、決まったつり座で狙える魚種にターゲットを絞ったほうが無難。釣果にも期待がもてます。

■つり座別の特徴

A 中心近くは狙えないため、青物はあきらめるのが得策。コーナーはマダイやが小物が集まるため、初心者にはうれしいつり座でもある

B 一見すると、センターがいちばんよいつり座に思えるが、青物の回遊コースから生け簀（いけす）の中心近くまで広くつれるこのつり座が最高のつり座になる

C ここは生け簀のど真ん中を狙えるため、青物必中のつり座。その分、小物狙いには向かないため、初心者向きのつり座とはいえない

※受付の際、スタッフに、決まったつり座に適した魚種をこっそり聞くのも得策

●コツのコツ②

つれる時間帯を逃さないで集中すること！

自然界では、放流タイムによって起こる爆釣のような現象はまずあり得ません。この爆釣タイムが終わると妙につりにくく感じるはず。海上つり堀ならではの環境変化に応じて、メリハリをつけてつりを楽しむことが大切です。

コツは、日長一日の中で、
「集中する時間を逃さない」こと

①朝マズメのいちばんつれる時間帯

②各々の放流タイム

※この時間帯以外では『つれなくなったサカナをいかにしてつるか!?』という具合に、アイデア勝負のつりへと気持ちを切り替えよう

青物をつろう

●コツのコツ③ つれなくなったときは原点に戻る

周囲がつれているのに自分だけがつれていないときは、つれているサカナやエサなどを今一度確認しましょう。また、そうでないときは、以下の2 つを発想転換の起点にして考えてみましょう。

発想転換の起点その① サカナのいる場所（タナ）を探す

サカナは定位している位置よりも必ず上層を見ているため、表層より順に探っていく。仕かけ投入直後から、サカナの反応に集中。そこから1ｍずつタナを下げていき、必ずシャクリなどの誘いをすること。アタリがなければタナを下げていき、必ず底まで攻めること
※もしも、底取りに不安があるようなら、今一度、底取りをキチンとすること。

発想転換の起点その② 今のサカナの好み（エサ）を知る

サカナは気まぐれのようにその時々でエサの好みが変わる。どのエサで口を使うか探っていく。

エサのローテーション

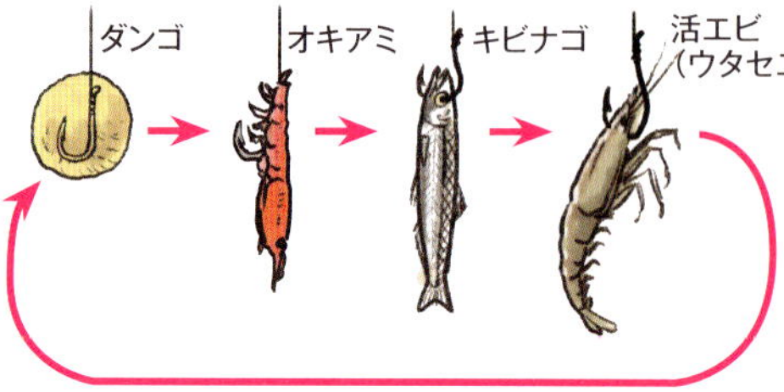

ダンゴ
オキアミ
キビナゴ
活エビ（ウタセエビ）

エサをミックス

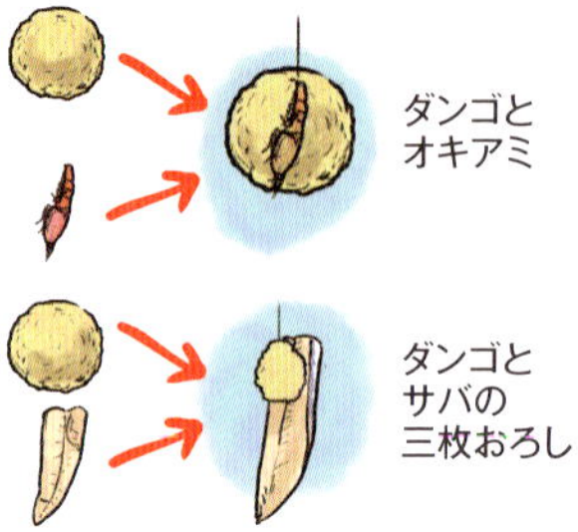

ダンゴとオキアミ
ダンゴとサバの三枚おろし

※ローテーションとミックスを合わせていくと、その組合わせは膨大。なかには自然界ではあり得ないエサもできるが、先入観は捨てて柔軟な発想が突破口となる。

●コツのコツ④　青物フィーバーをゲット

青物が１匹つれると、なぜか連続して青物がアタリ出します。実際、ヤリトリしている青物を見ると、その後ろに数匹の青物が連れ立って泳いでいるのを目撃することができるはずです。

①他のつり人に青物がかかったら、決まりとしてヤリトリが終わるまでは、仕かけは回収しなければならない

②しかし、ボーっとはしてられない。そのサカナが網に入った瞬間、すぐに仕かけを投入する。取り込みが終了するまで、エサを付けてスタンバイしていること

③ヒット!!!　絶えずヒットさせて青物フィーバーを途切らせないこと。うまくいけば、つり人同士で連帯感も！

※エサは活アジでなくてもＯＫ。フィーバーのときは三枚おろしや冷凍でも十分つれる

●コツのコツ⑤　見えるサカナをつる

つりには「見えてるサカナはつれない」という諺がありますが、ここではあえて表層を回遊する見えている青物をつってしまうという方法を紹介します。かかれば、かなりエキサイトなつりになります。

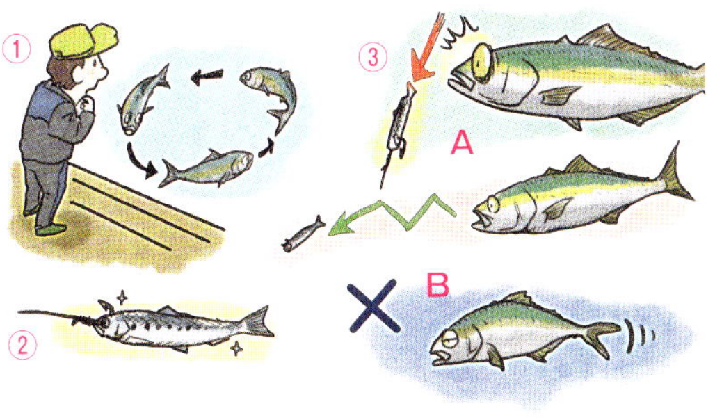

①表層を回遊する青物を見つける

②エサには冷凍イワシがベスト。活きアジだと逆に操作しにくい

③回遊してくる目の前で誘う。タイミングが重要だ

誘いＡ　目の前に落とし込んで横切らせる

誘いＢ　目の前でチョコチョコと動かす

注意×　ノロ～と泳いでいる、いかにもやる気のなさそうなサカナは無視しよう

青物をつろう

☆海上つり堀、つりの終了

「終わり～」と、スタッフのかけ声で納竿となります。そのときにサカナがかかっていれば別ですが、そうでなければ仕かけを回収して速やかに片付けを始めます。たまに見かけるのが、すぐに止めない人たちです。釣果がよくないと、つい粘りたくなる気持ちもわからなくはありませんが、これは、迷惑行為なので絶対にやめましょう。

「高い料金払って
いるんだ。

「聞こえないフリして
続けちゃおう」

スタッフさんに嫌われる①

往生際の悪いつり人

終了の合図が鳴ったら、速やかに終わること。仲間意識からか団体で粘っているつり人たちがいるけど、見ていてかなりみっともない

『すみませーん。
終了時間は
とっくに
過ぎてますよーー』

『マイッタなぁ、
つったサカナ
忘れてっちゃっ
たよ…』

スタッフさんに嫌われる②

忘れ物が多いつり人

海上つり堀の終わりは早い。確かにスタートが早朝ということもあるが、終了後に仕事はまだまだある。スタッフさんの仕事を余計に増やすのは言語道断！

「こちらこそ、
適切なアドバイス
ありがとうです」
『いつも早めに
上がってもらえるから、
助かります』

スタッフさんに愛される

常連になるための第一歩

つれてもつれなくても、潔くスパっと納竿（つりを終えること）しよう。案外、そんな行動を、スタッフさんはちゃんと見てくれて、次回来たときに覚えてくれていたりする。

☆リピーターになれるか!?　最後の最後にわかる海上つり堀施設の善し悪し

海上つり堀では、終了時になると意外にも慌しくなります。これは、スタッフさんのなかにはつったサカナを〆める（活き〆めといって血ぬきをする）などのサービスに追われるためですが、実は、このときに自分たちが利用した施設の明暗が、はっきりとわかる時間帯でもあるのです。

よいスタッフさん①

サービスを喜んで実施

〆めのサービスを喜んでやってくれる所は、また来たくなる。作業が丁寧ならさらに◎。

よいスタッフさん②

帰宅後のことも心配してくれる

こんなことを言われるとムッとしがちだが、自分たちが手塩に育てたサカナを鮮度のよいうちに食べてほしいという心意気。

悪いスタッフさん

全てが雑

〆めの作業は雑だったり、営業が終了した途端に愛想がなくなる所は、行きたくなくなる。

よいスタッフさん③

つったサカナへの気配りを忘れない

サカナ状態にいち早く気づき、〆めのサービスを買って出てくれるスタッフさん。

『大丈夫ですよ。
すぐ、
〆めましょう』

タイがスカリのなかで逆さになっている場合がある。これは浮き袋の調節ができなくなっているためで、そのままだとすぐに死んで鮮度は落ちてしまう。すぐに〆めてもらうこと。

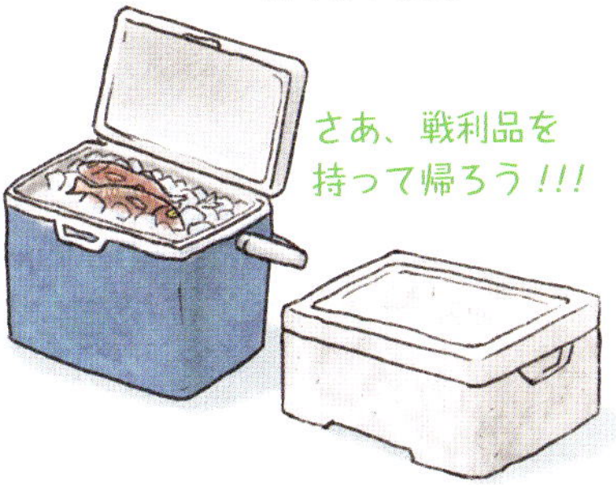

帰宅したら、今度は食べる楽しみが待っている。これも海上つり堀ならではの醍醐味の一つ。

清流の響きにいやされる渓谷の管理つり場

つり堀 No.4

水には、人をいやす不思議な力があります。しかも流れている水に、より強く、その効果は感じられます。そこで、最近、イライラしたり、不安な気持ちになっている人におすすめなのが渓谷の“管理つり場”。サカナに夢中になっているときも、休憩をしているときも、そこには絶え間ない、清らかな“流水の響き”があるのです。

管理つり場の魅力 1
山があれば必ずある!? ドライブついでにつりも楽しもう♪

日本は山の国です。都会からでも、ちょっと車を走らせるだけで、山へと遊びに行けます。山には水があり、川が流れています。その川を利用してできたのが“管理つり場”です。つまり、意外にも近く、気軽に出かけて行って、つりを楽しめる場所なのです。

管理つり場の魅力 2
一人になりたい!? つり人のニーズに応えられる施設♪

せっかくの休日、一人になりたくてつりをしに来たのにもかかわらず、そこが混雑していたのではすべてが台無しです。最近の管理つり場のなかには完全予約制であったり、入場者数を制限して、自然を満喫しながら余裕もってつりを楽しめる施設が増えてきました。

入漁券は他から見て、見えやすい場所につけておくのがマナー。

管理つり場の魅力 3

渓流の宝石!?
幻と言われるサカナたちに出会える場所♪

渓流に生息するサカナといえば、イワナやヤマメ、アマゴなどがその代表ですが、自然のなかではかんたんに見る機会はなくなってしまいました。特にイワナは“幻のサカナ”と呼ばれるほど。しかし、管理つり場なら、そんなサカナたちをつって出会えることができるのです。

イワナ

【サケ目サケ科】ニッコウイワナ型、ヤマトイワナ型、ゴキ型に区別される。たいへん悪食なため、警戒させなければ比較的につりやすい。

ヤマメ

【サケ目サケ科】サクラマスの陸封型（河川残留型）。動きは素早いだけでなく、異変を感じるとすぐにエサを吐き出すため、つりにくい。

アマゴ

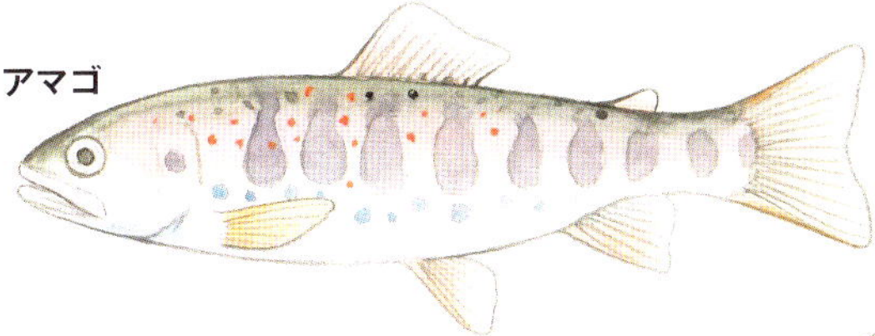

【サケ目サケ科】サツキマスの陸封型。ヤマメにたいへん似ているが、小さい朱色斑点があることで、区別することができる。

ニジマス

【サケ目サケ科】1877 年に北米より移入された。野生化したものは北海道と一部の湖などに定着している。食味がよいため人気のサカナ。

管理つり場の魅力 4

キャッチ・アンド・イート!?
つったサカナはどんどん食べよう♪

自然の河川ではキャッチ・アンド・リリースが大切になりますが、管理つり場では、基本（持ち帰りには規定がある）的につったサカナは持ち帰ることができます。どのサカナも食べておいしいですが、やはり食べて満足のボリュームは、ニジマスが一番でしょう。

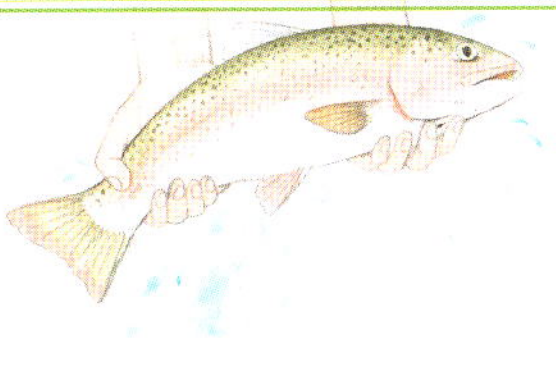

☆利用するときの営業時間や料金、道具の有無、サカナの持ち帰りなどの詳しい情報は138ページを参考にしてください。

いろんなタイプを楽しめるのが管つりの魅力!

管つり”（管理つり場）のいちばんの特徴といえば、渓谷の自然美の中、気軽につりが楽しめるところでしょう。繁華街からちょっとクルマを走らせれば出かけられる距離にあり、施設によっては道具のほとんどをレンタルできるので、初心者でも十分に渓流つりを堪能できます。自然の河川と違って禁漁期はないので、１年中つりを楽しむことができるのも魅力です。

自然を満喫できるリバーエリア

自然な川の流れを利用しているのが『リバーエリア』。上流と下流に“サカナ止め”を設置し、そのなかに定期的にサカナを放流しています。自然への妨げになる両岸の整備などは極力抑えているので、自然を満喫したいつり人には、まさにオススメのエリアです。

長所＝①自然のなかでの実践的なつりを想定しながらつりができる。

②つられずに残るサカナが多いため、野性に近いサカナをつることができる。

短所＝①両岸が整地されていないため、実践に近いスタイルや装備が必要。

②放流直後は別にして、他のエリアに比べるとつるのは難しい。初心者には不向き。

トレーニングできるポンドエリア

ポンドとは沼のことで、ここは止水になっているエリア。なかにはエサづりエリアもありますが、そのほとんどはルアー&フライフィッシング専用エリア。底層まで視界が利くためにサカナの動きが把握できるので、つりのトレーニングにはもってこいのエリアといえます。

長所＝①各釣法の専用エリアになっているため、自分のやりたいつりに集中しやすい。
②施設によっては、インストラクターのレクチャーが受けられる。

短所＝①ほとんどがキャッチ・アンド・リリースになっているため、サカナは持ち帰れない。
②すべてが人工的なため、風景以外は、自然に対する満喫感はかなり乏しい。

パーティに最適な貸し切りエリア

川の流れを利用してはいるものの両岸はキレイに整地され、子どもにも優しいエリア。一定の区間を設け、そこを借りてつるシステム。借りると、規定量のサカナがその区間に放流されます。放流されたサカナは料金に入っているため、すべて持ち帰りが可能です。

長所＝①区画を借りれば、何人でつりをしてもかまわないため、団体やパーティ向き。
②岸は整地されているため、ディキャンプやBBQの持ち込みが可能。

短所＝①つりメインというよりは、アウトドアの楽しみのひとつにつりをするといった趣。
②つりに対する目的が違うと、周囲からかなり孤立してしまうため、注意。

☆よい管つりの選び方と管つりのシステム

他の淡水魚のつり堀より料金設定が高い管つりですから、つれるサカナがたくさんいることがよい管つりの絶対条件になります。つれるサカナ？　難しく考える必要はなく、徹底管理のもとで育てられていれば、サカナは普通に元気です。元気であれば、十二分にエサを追います。また、管理と名がついているのですから、人の手が隅々まで行き届いていることも大切です。

つりにくい“定期放流”とつりやすい“時間放流”!?

定期放流

頻繁に放流するのではなく、より自然に近いカタチになるように、定期的にサカナを放流するシステムの管つり。つったサカナはすべてキャッチ・アンド・リリースすること（つったサカナを逃がすこと）が前提になっている施設が多いです。

長所
・つれすぎるのはつまらない中級者向き
・大物がつれる

短所
・難易度が高く初心者には向かない
・つったサカナを持ち帰れない

時間放流

１日に何回か決められている時間に放流するシステムの管つり。頻繁に放流が行われるので、つったサカナを持ち帰ることができます。エサつり専用エリアに多いです。

長所 サカナがスレていないので、つりやすく初心者向き

短所 かんたんにつれてしまうので、上級者にはものたりなさがある

よい管つりの条件とは？

よい管つりの条件① 環境や設備が充実していること

管つりを家族や仲間と楽しむには、清潔なトイレやバーベキュー施設は絶対条件。さらにキャンプ場などの宿泊施設が併設されていればもっと楽しめます。

よい管つりの条件② 元気な魚がいっぱいいること

何度もつられてヒレがぼろぼろのサカナを見るのは正直ツラいものがありますし、病気のサカナが泳いでいたりすると、つれても食べる気がしなくなります。

よい管つりの条件③ しっかり管理されていると、実感できること

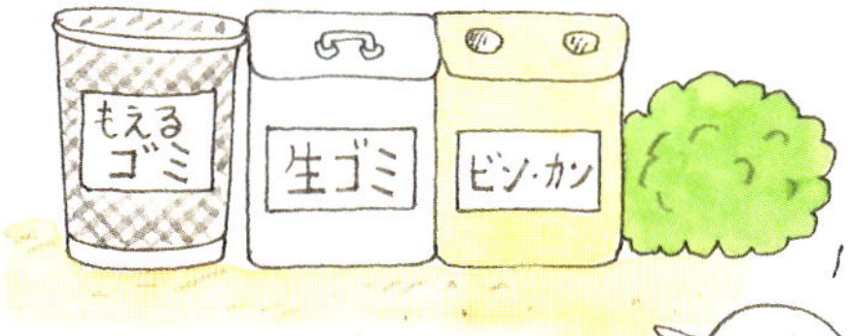

基準はたったひとつ。答えは単純明快。「再びこの管つりに来たい」と思えるかどうか。そう思えれば、そこはあなたにとって、美しく楽しい場所であるに違いありません。

☆管つりで遊ぶための下準備

管つりはどこでも同じではなく、それぞれ個別のシステムが設けられています。施設によっては、釣法（エサつり、ルアーフィッシング、フライフィッシングなど）が限定されている所もあるので、事前に問合せてよく聞いておきましょう。

●場所選び

まずはインターネットを利用して、“管理つり場”で情報を検索。以下のチェックポイント参考に、いくつかピックアップしましょう。

管つり選びのチェックポイント

①距離　移動時間は２時間圏内が負担が少なくて望ましい。

②値段　女性や子どもは別料金だったりするので、参加人数で料金を比較検討する。

③施設　つり場が河川型、止水（沼・池）型かをチェック。両方を備えた設備がオススメ。

④匹数　つったサカナを持ち帰る（その場で調理）場合の料金の有無。

管つり
うちはフライフィッシング
専用釣り場です

●特に大事な確認事項

いくつかつり場の候補が決まったら、実際に連絡を入れて、さらに詳しい情報をキャッチしておきます。情報には、勘違いしやすい項目もあるため、必ず確認することが大切です。

勘違いしやすい事項

①付帯設備について

項目に「貸しザオ」とだけあるものは、エサづり用のサオのこと。また「ルアーセット」とあるものは、サオとリールのみのことで、ルアーは含まれていない。

②営業日時について

「定休日なし」とあるのは、年中無休を表しているのとは違う。その管理つり場の開設期間中に限ってのことなので、注意。

③放流時間について

「１日２回」とある場合、その詳しい時間、放流地点、放流量などを聞く。つり人の数の多さに合わせて、放流量を増やしてくれる施設は◎。

☆管つりのマナー&ルール

釣法がエリアごとに違う場合は各釣法のマナーを守ることはもちろん、つったサカナの扱いにもルールがあるので十分注意しましょう。

ルール&マナーその① 各専用エリアでは、決められたつり方以外はルール違反

専用エリアで区分された管つりの場合は、「川は○○つり」「沼は○○つり」「エサづり専用エリアは○○つり」と、決められている釣法以外のつり方はルール違反になる。

※基本的には専用エリアでつらなければならないが、あまりにもつり人が少なくてガラ空きのときなどは、スタッフさんの指示に従えば、他のエリアでのつりを許可してくれるところもある

ルールやマナーは施設によって違いがあるので不安に思ったら必ず確認しよう!

ルール&マナーその② つったサカナに関するルール&マナー

◆持ち帰りがルールの管つり

つられたサカナは弱ってしまう、と考える施設では、つったサカナは持ち帰るルールになっている。持ち帰りの場合、「すべて持ち帰り」「決められた匹数を越えると有料」「一匹ずつ買い取り」といったように管つりによってルールは違っている。

◆リリースがルールの管つり

ルアーやフライのようなゲームフィッシング主体の管つりでは、つられたサカナはどんどん賢くなってつり人を悩ますことからリリース（逃がすこと）が前提となっている。これらの施設では、ルールの有無にかかわらず「カエシのないハリ」を使うのがマナー。

☆管つりのベストシーズン

管つりには禁漁期がありません。だからといって、夏と冬の季節はあまりおすすめできません。理由はかんたん、人もサカナも元気がなくなる季節だからです。やはりつりやすいのは、春と秋です。過ごしやすい季節は、いつまでもつりに集中できますし、サカナも積極的にエサを追います。また、一週間の中に“つりやすい曜日”があるのも、管つりならではの特徴です。

適水温が保たれる季節とは？

◆サカナだって暑い季節は苦手

暑すぎたり寒すぎたりするとツライのは、人もサカナも同じ。サカナの場合は気温ではなく水温になるが、人と同じように「適水温」というものがある。渓流にすむサカナの適水温は通年ほぼ約18℃となっている。

冬
夏
寒…
暑い～

というワケで
春秋がつれやすい。

管つりならではのつれる曜日とは？

◆サカナたちの疲れがとれる曜日が狙い目

日曜などの休日ともなれば、多くの人々でにぎわう管つり。この曜日をやり過ごしたサカナたちは、コンディション調整に最低でも2日間くらいは要する。水曜・木曜・金曜と、混雑が始まる土曜前までの期間がベストな“つり曜日”といえる。

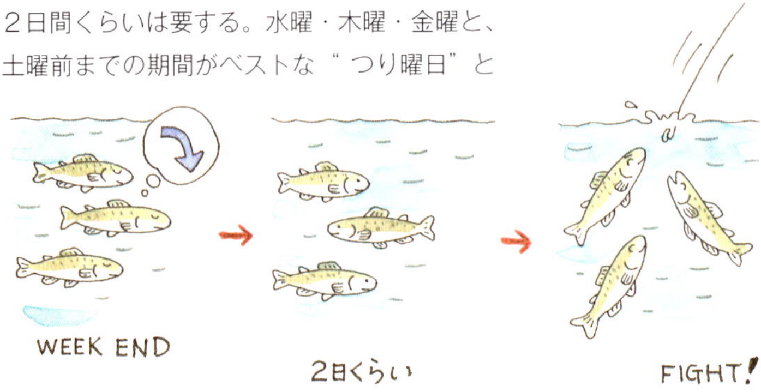
WEEK END
2日くらい
FIGHT!

☆管つりのつりやすい時間帯

管理されたつり場といっても、生きたサカナをつるわけですから、やはり活性の高いとき（サカナが盛んにエサを追う状態のとき）が“つりどき”といえます。サカナの活性に影響を与える要チェック項目は「太陽」と「放流時間」。特に太陽はプラス要素とマイナス要素が両方があるので、その見極めは大切になります。

活性を上げる要素① 太陽

◆太陽以外の「水の濁り」「風」も要チェック

「朝マズメ」「夕マズメ」はもっともつりやすい時間帯。早朝や夕方は、太陽光線が弱くサカナの警戒心も薄いため活性が高い。曇りの日や雨後に少し水が濁るときも同様につりやすい。強風はつりにならないが、水面がざわつく程度の風は自然の恵みとなって釣果に期待がもてる。

活性を上げる要素② 放流タイム

◆施設を選ぶときは必ずチェック！

放流タイムこそ、管つりでは絶対に逃してはならない時間帯。勝負は、放流されてからの１時間。それを過ぎると、環境に順応して警戒心も増してきてしまう。施設を選ぶときは必ず放流タイムの有無と時刻、そしてその回数をチェックしておこう。

ウキづりでニジマスをつろう

他のつり堀と違って、“管つり”のウキづりは『いつでも、どこでも、だれでも』かんたんに気軽に楽しめます。なぜそうかというと、川には流れがあるからです。流れにウキさえを乗せてしまえば、後はこっちのもの。流れが自然にサカナの口までエサを運んでくれるからです。食べておいしい淡水魚、ニジマスつりにチャレンジしてみましょう。

●川のウキづり

まずは、仕かけを上流側へ投入！

あとは道糸が張らないよう、流れるウキを追いかけるようにサオを操作。何度か繰り返していくと、流れに乗ったウキの動きがわかってくる。そうなったらしめたもの。アタリの可能性がある、微妙なウキの反応も見逃さなくなる。

ウキを追いかけるように、
扇状にサオを動かしていく。

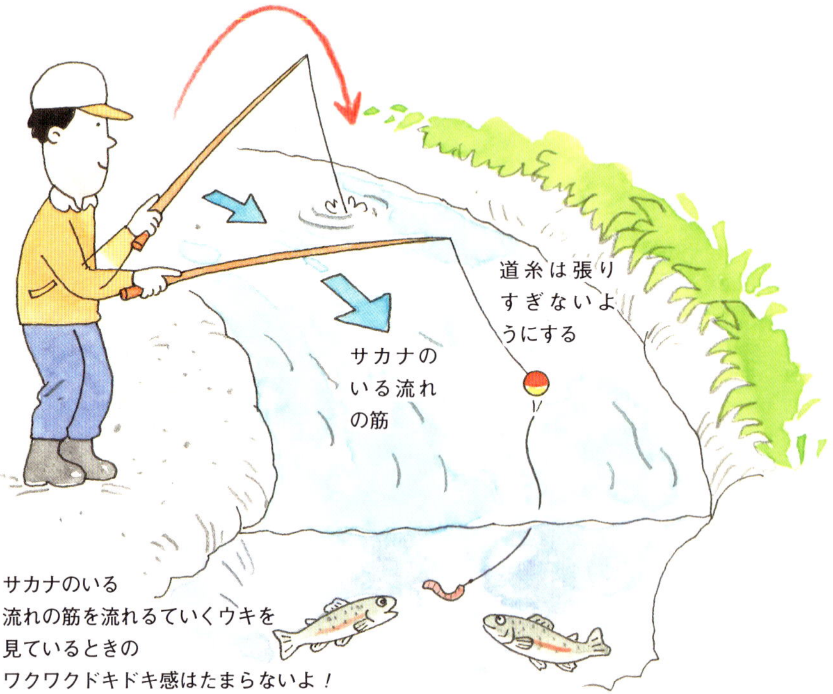
道糸は張りすぎないようにする
サカナのいる流れの筋
サカナのいる
流れの筋を流れるていくウキを
見ているときの
ワクワクドキドキ感はたまらないよ！

●仕かけとエサ

特に初心者でも扱いやすい玉ウキを使った仕かけ。エサはニジマスの食性にあったもので、どれも大好物。

仕かけはこんな↓感じです

●ウキづり仕かけ

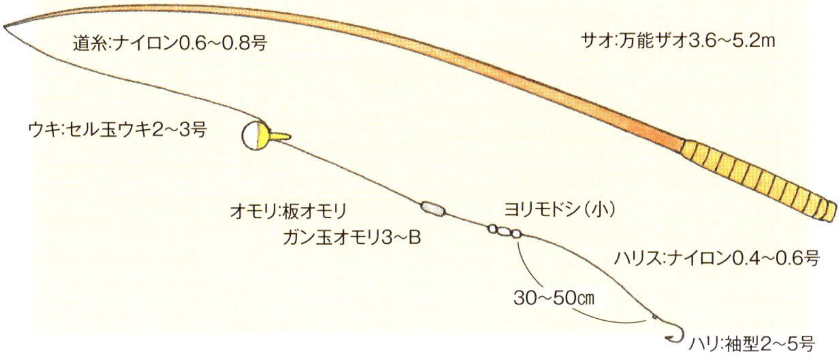

非ムシ系のエサ

イクラ

とても柔らかいために刺しにくくエサ持ちも悪い。使う前に塩や砂糖をまぶすと水分がぬけて使いやすい。

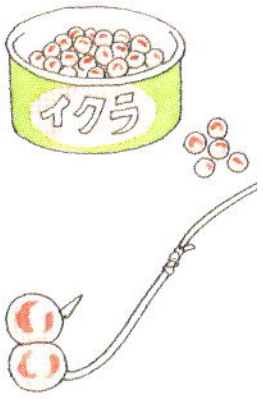

魚肉ソーセージ

特にニジマスつりの定番エサのひとつ。ただし、においや色が独特なため、サカナの飽きも早い。

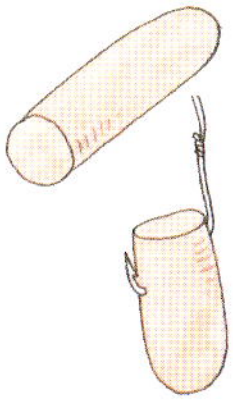

マグロ

初心者におすすめなエサのひとつ。イクラだと流れに負けて水中で早くエサ落ちする場合がある。そんなときにはとても有効。

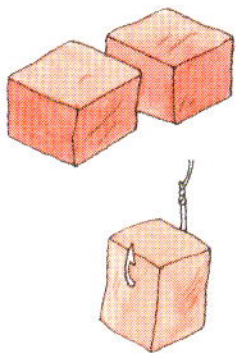

ムシ系のエサ

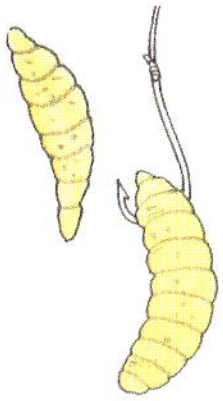

ブドウムシ

管つり& 渓流づりの定番エサのひとつ。サカナがエサに飽きて食いが悪くなったときの特効薬。

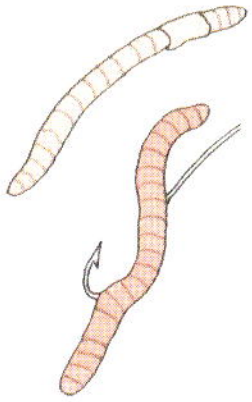

ミミズ

水中でのにおいやよく動くためサカナへのアピール度は高い。雨後の濁りのときなどにとても有効。

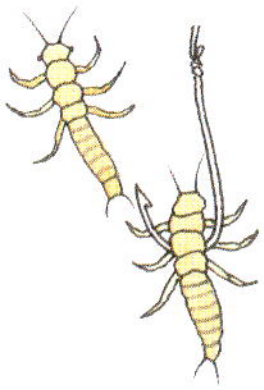

カワムシ(水生昆虫)

自然界で渓流魚が常時捕食しているのがカワムシ。浅瀬の石の下などに隠れているのを採取する。※採取は、管つり以外の場所ですること。

ウキづりでニジマスをつろう

☆ウキの重要な役割

当然、ウキづりの主役はウキです。最初に述べた通りウキづりはかんたんですが、使い方を間違うとウキの力はそこなわれてしまいます。ウキについていくつか紹介します。

●ウキの大きさとオモリの関係

大きいウキだと浮力が強いために、どうしても水中での様子（サカナのアタリなど）が伝わりにくい。“管つり”などの場合、玉ウキ（3号）の大きさに対してガン玉オモリ（B～3B）が一応の適合サイズである。

①適合サイズ
視認しやすい沈み具合。流れにのって、自然にエサが流れる

②オモリに対して大きいウキ
長所：なし（確かに視認はあるが…）
短所：水面の影響が伝わりエサの動きが不自然になるなど、釣果によいことはない

③オモリに対して小さいウキ
長所：水中に沈む部分が大きいほど感度はよくなるため、アタリは伝わりやすい
短所：浮いている部分は小さいため、視認するのはむずかしい

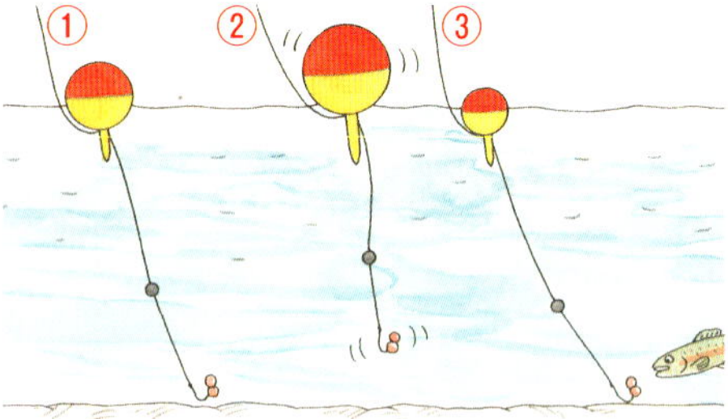

●ウキ下の合わせ方

基本的にサカナは川底の付近にいる。当然、エサも底付近を流すことが重要。ウキ下が合っていないと、つりにくくなるし、また根掛かり（ハリが底に引っかかってしまうこと）の原因にもなってしまう。

①流れの速さにもよるが、ウキ下は水深の2～3倍にするのが基本
②根がかりするとウキ下を短くしがちになる。短いと仕かけは立ってハリは底を引きずられたり、サカナは食わない。
③長すぎると ハリだけでなくオモリまでが石と石の間にはさまってしまうことになる

※①はわかりやすいように、ハリスは短くしてある

☆仕かけ投入の秘訣

「秘訣」と聞くと、少しむずかしく感じるかもしれませんが、基本通りに振り込みを行えば大丈夫。重要なのは、エサをウキより上流側に着水させることです。

①仕かけの投入前のポーズ。ここからスタート
②振り込み。普通に振り込めばOK。ウキより前方にエサが着水
③ウキからサオ先までの道糸が張らないようにする。流れるウキをサオで追いかけるようにサオを操作
④そのまま流れに合わせてサオを扇状に操作。下流まで流しきる

ウキを先行させて流すことのメリット○

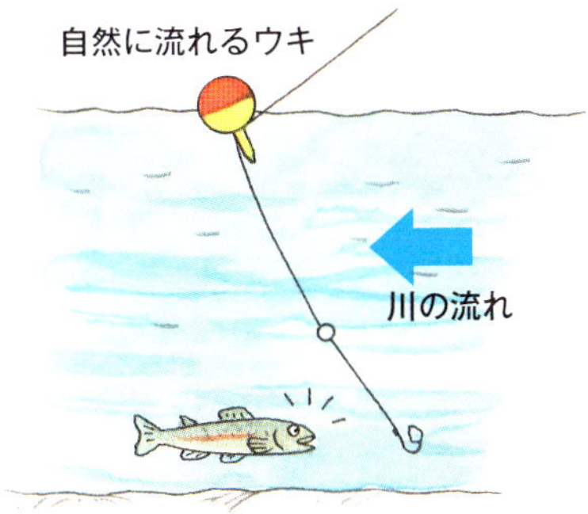

エサを上流側に着水させたら、あとはウキまかせ。ウキに運ばれるエサは自然に流れるため、サカナは警戒せずにエサを食う。

エサが先行して流れることのデメリット×

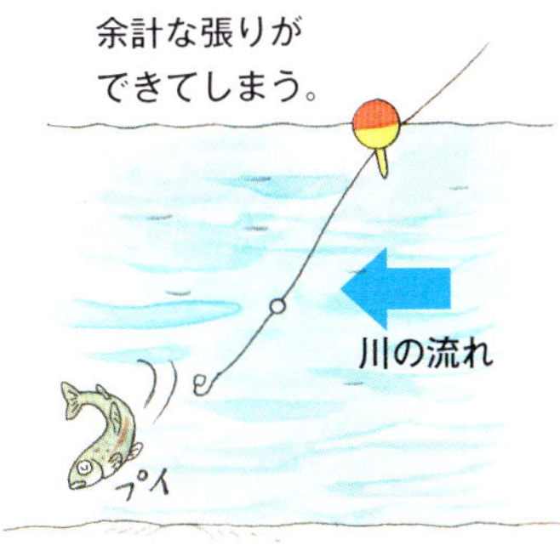

エサを先行させて流すためには、ウキの動きをサオによって操作する必要がある。また、エサ→ハリス→道糸は真っ直ぐになり、張ってしまう。

ウキづりでニジマスをつろう

☆つれるポイントを知る

自然界と違って管つりには、管つりならではの“ つれるポイント”があります。これは放流したてのもっともつりやすい時間帯のサカナの行動に密接に関係しているため、必ず狙いたいポイントです。

小さな落ち込みからはじまる瀬

★印：放流したて（１時間以内）のサカナが集まりやすいポイント
×印：放流直後からつられずに残ったサカナの集まる所。満腹でつりにくい
●印：“残りマス”と呼ばれる野生に戻りつつあるサカナのポイント。
流れの中に身を隠せたりする

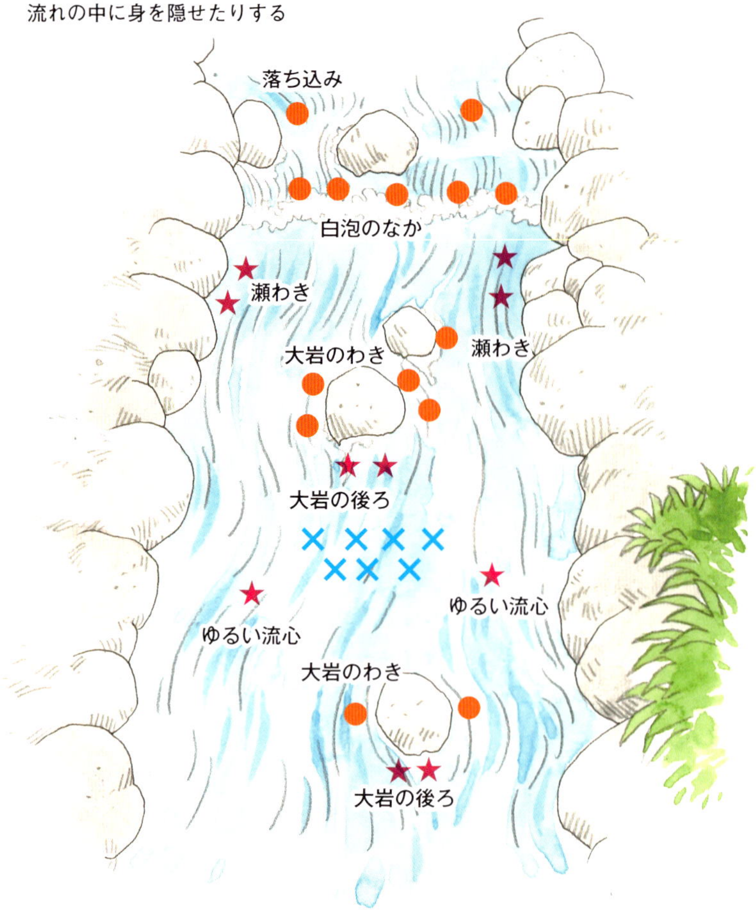

☆スタンスの決め方

スタンスとは「つりをするときの立ち位置」のことで、狙うポイントを見つけたら、そのポイントから立ち位置を決めます。キーワードは“仕かけがなじむための距離”と“食わすための距離”です。

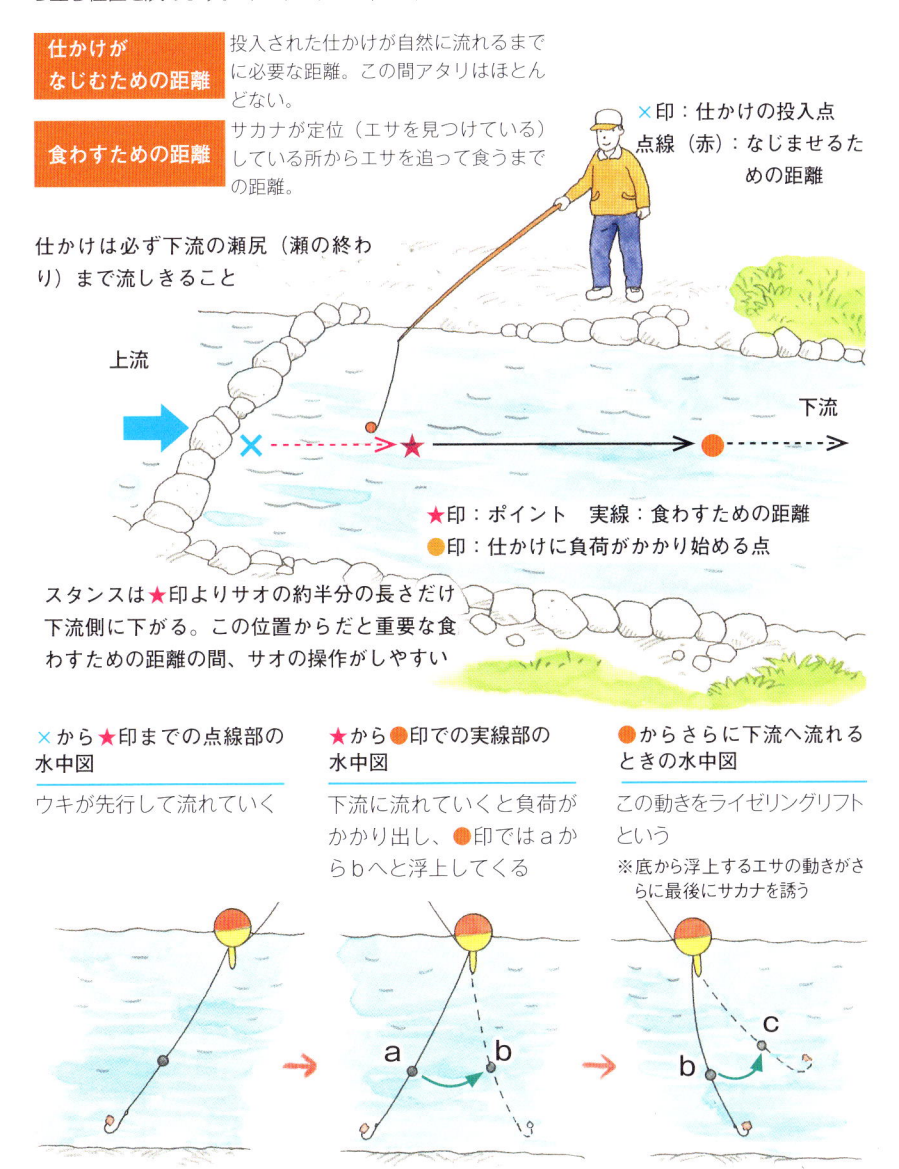

仕かけがなじむための距離 投入された仕かけが自然に流れるまでに必要な距離。この間アタリはほとんどない。

食わすための距離 サカナが定位（エサを見つけている）している所からエサを追って食うまでの距離。

仕かけは必ず下流の瀬尻（瀬の終わり）まで流しきること

スタンスは★印よりサオの約半分の長さだけ下流側に下がる。この位置からだと重要な食わすための距離の間、サオの操作がしやすい

×から★印までの点線部の水中図

ウキが先行して流れていく

★から●印での実線部の水中図

下流に流れていくと負荷がかかり出し、●印ではａからｂへと浮上してくる

●からさらに下流へ流れるときの水中図

この動きをライゼリングリフトという

※底から浮上するエサの動きがさらに最後にサカナを誘う

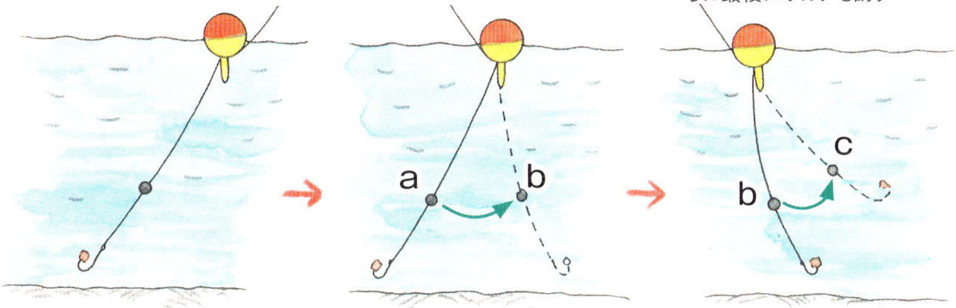

ウキづりでニジマスをつろう

☆ニジマスづりのスタート

落ち込みから続く瀬（→）は管つりだけではなく、渓流づりの定番となるエリア。120 ページで紹介したポイントを参考に、仕かけを流すラインとスタンスの一例をご紹介します。

◇A、B、C、Dはそれぞれのスタンスの移動範囲
AはaをBはb、Cはc、Dはdを攻める
a b c dについている番号は攻める順番

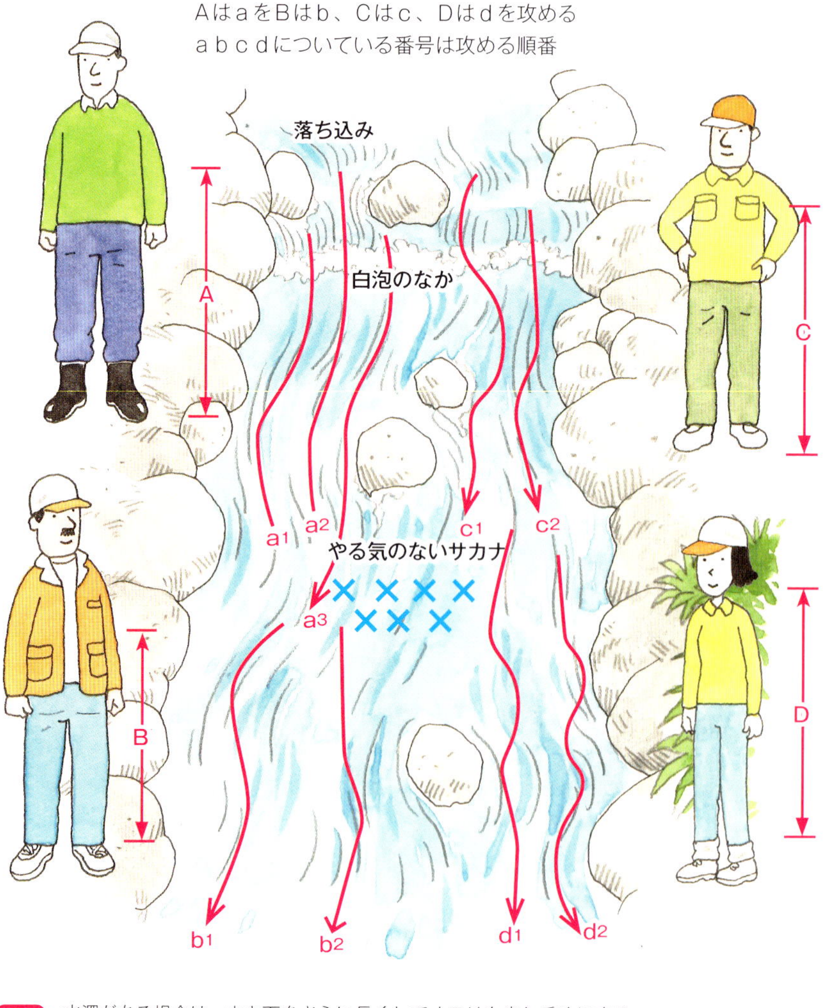

注意点
- 水深がある場合は、ウキ下をさらに長くしてオモリも少し重めにする
- ラインを決めたら最後まで流しきる
- アタリがないからといって、横のラインへ仕かけを誘導するような余計な操作はしないこと

☆狭い流れでのつり方

対岸に移動することなく全体を攻められるエリアでは、エサの流し方が重要です。もしも最初に手前より奥のラインを攻めてサカナがつれた場合、取り込みの際にポイントは荒れてしまいます。

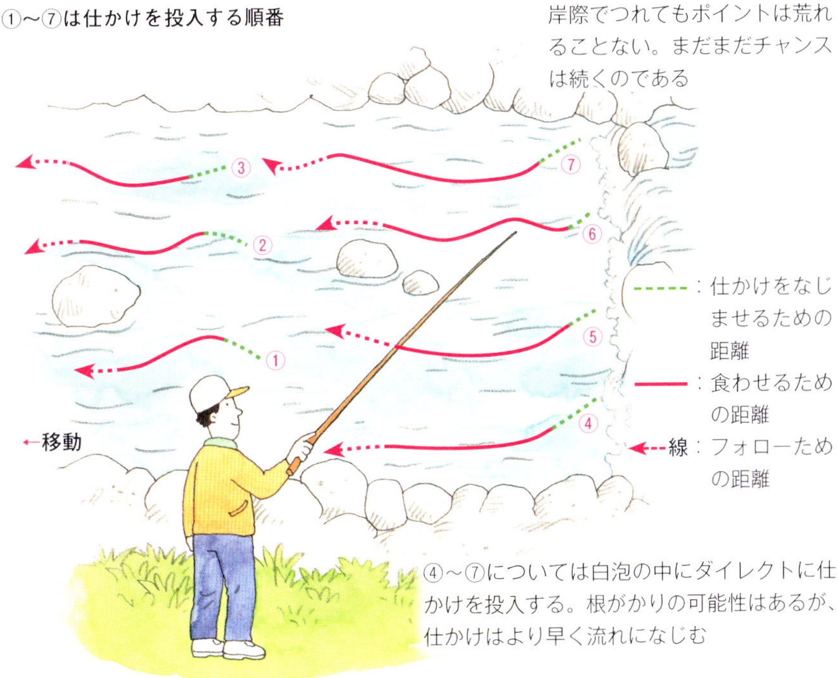

①～⑦は仕かけを投入する順番
岸際でつれてもポイントは荒れることない。まだまだチャンスは続くのである

④～⑦については白泡の中にダイレクトに仕かけを投入する。根がかりの可能性はあるが、仕かけはより早く流れになじむ

エリア内では必ず下流側から攻めること。サカナは常に上流側を向いているため、いきなり上流側のラインを攻めると、その下流側のサカナが警戒モードに入ってしまうからである

◆流れによって違いが出るアタリのパターン

①ゆるい流れの中のアタリ

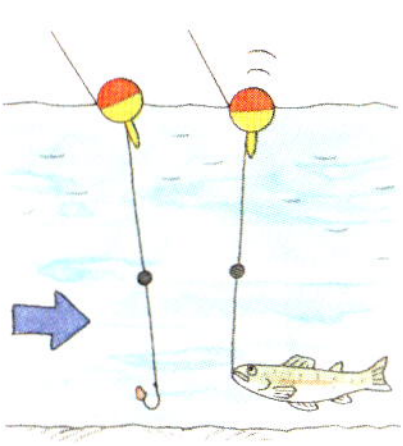

流れからくるウキへの抵抗が弱いことと、サカナも比較的のんびりエサを食うため、ウキへの反応は小さい。だからといってサカナが小物とは限らない。

②速い流れの中のアタリ

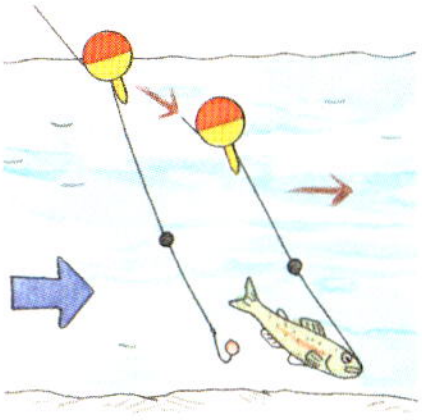

つるには多少むずかしくなるが、ウキの反応は大きいためアワセはやりやすい。活性の高いサカナが多いため、ウキは一気に消し込まれるパターンが多い。

ウキづりでニジマスをつろう

☆つりやすいポイントと、つって楽しいポイント

“管つり”は自然の流れを利用した施設なので、各エリアの流れはとても変化に富んでいます。むずかしい所もありますが、初心者にもつりやすく楽しいポイントを紹介しましょう。

ポイント① 大岩周り

サカナたちは
岩かげでエサを待ち構えている

流れがぶつかる大岩には、サカナが潜んでいる可能性は高い。特に底近くで岩肌がエグレているような場合、そこを着き場に流れてくるエサを待ちかまえていたりする。

①〜⑥は仕かけを投入する順番

—— は仕かけがなじむための距離

—— は食わすための距離

—— はフォローための距離

つるためのMEMO

- 流れの中から岩肌に沿って流れるラインを見つけて、その上流へ仕かけを投入する
- 岩の周辺を過ぎても必ず下流まで流しきること
- 流れが強いときはオモリを若干重くするのもひとつの手

※大物は仕かけ（エサ）を吟味しながら追うため、フォローの距離でも十分に食ってくる。

大岩周辺の水中図

ポイントは
岩周囲の流れの渦

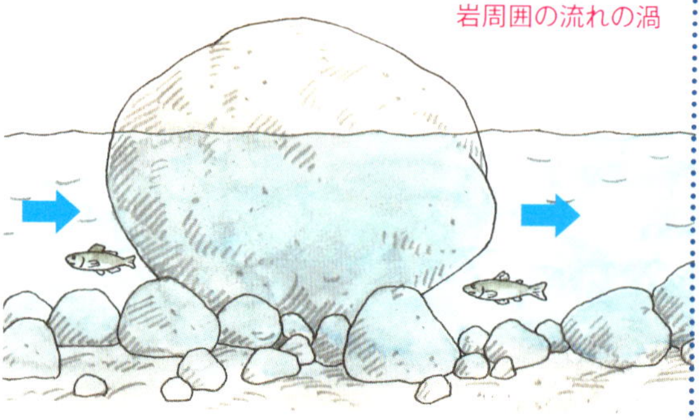

底付近がエグレていればサカナは必ず隠れている。エグレの有無は、岩の周囲で流れに渦があれば可能性は高い。特に岩の後ろにできる渦は◎。

ポイント② 堰堤（えんてい）

エサ、酸素、白泡…、
サカナたちの好物が集まる所

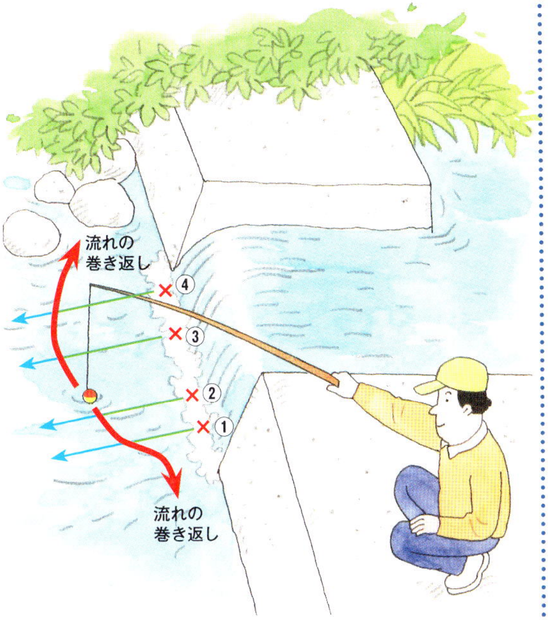

①〜④は仕かけを投入する順番

×印は仕かけの投入点

――は食わすための距離

――はフォローための距離

太線は、巻き返しまでの流れ

つり場の中に堰堤（えんてい）があれば迷わず攻めてみよう。他の流れと多少勝手が違うものの、ここはエサが集まりやすく水に溶ける酸素も豊富。おまけに白泡はブラインドの役目も果たす。

つるためのコツ

- 仕かけは白泡に投入。後は流れにまかせて自然に下流へ流しきる。
- 太線上に仕かけが動き出したときは、両サイドの"巻き返し"に向かう流れに乗った証拠。
- 流れの巻き返しに仕かけが入ったら、あわてずアタリを待つこと。

※このポイントは大物が潜んでいる可能性が高い。事前にどこで取り込むか決めてからつりにかかる。

堰堤周辺の水中図

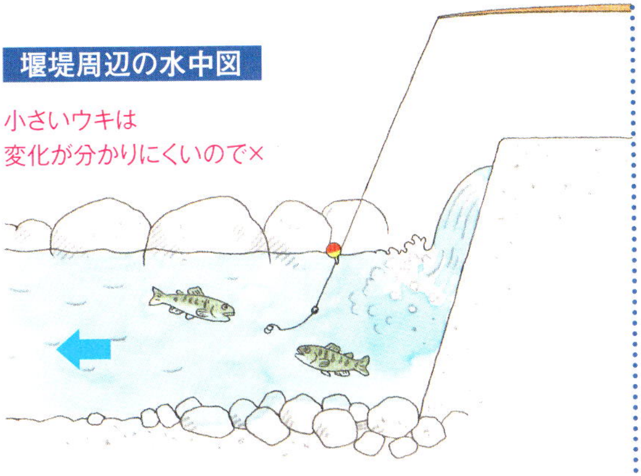

落下する流れに勢いがあるため、オモリは重くしなくてもエサは十分に沈む。ただし、ウキは、白泡の中でもアタリなどの変化が確認できるように小さいサイズを使わないのが得策。

ウキづりでニジマスをつろう

☆管つりの“コツのコツ”

“コツのコツ”と言ってもむずかしいものはありません。なぜなら、“管つり”でのつれない原因の多くが最初の段階でのつまずきにあるからです。つれない人は、それぞれの項目をチェックして自分のつりを振り返ってみましょう。

仕かけのチェック

コツのコツ①

初心者にありがちなチエックミス

初心者にもっともありがちなミス。仕かけの操作や細いつりイトに慣れていないせいか、ないがしろにしてしまいがち。

CHECK POINT!

・ハリスはヨレていないか?
・ハリは折れていないか?
・ハリは大きすぎないか?

エサのつけ方チェック

コツのコツ②

つれるつれないもエサの付け方次第

慣れないうちは誰もが苦手な作業。特に定番エサの“イクラ”はベテランでも気を使うエサ。釣果に直結することなのでしっかりつけられるようにしよう。

CHECK POINT!

頻繁にチェックしていたらつりにはならないが、何か異変や疑問を感じたときは、仕かけを上げてチェックするクセをつけよう

ウルサクしていないか

コツのコツ③

足場が整備されていることは初心者にはうれしいことだし、誰でも気軽に渓流づりを味わうことができる。だからといって乱暴に岸際を歩いたり、大声で会話したりするのは厳禁。

CHECK POINT!

対象魚のニジマスやイワナ、ヤマメ（ アマゴ）は警戒心が強いサカナ。それは管つりだからといって変わることはない

ポイントへの近づき方

近づき方でまったくつれないこともある

コツのコツ④

サカナがもっとも嫌うのが“物音”と“水面に落ちる影”。もしもこれらを察知して岩場の奥などに身を隠してしまうとつりづらくなってしまうので注意しよう。

CHECK POINT!

他のつり人が堂々と身をさらしてつっていたとしても、“人は人”の精神でいこう。身を低く物音を立てないだけでも釣果は格段にアップする

ウキづりでニジマスをつろう

☆管つりの“コツのコツ”

エサのローテーション

コツのコツ⑤

**みんなと同じ、が
必ずいいわけじゃない**

サカナだって生きもの。毎日同じものばかり食べていては必ず飽きてしまうはずだ。そこで重要なのがエサのローテーション。特に管つりなどの人が集まりやすい場所では、周囲の人たちと同じことをしようとする集団心理が働きやすいので注意。

CHECK POINT!

イクラがアタっているからといって、大勢が使えば、その分飽きも早いことを十分理解しておこう。みんなが使えば、すぐに食わなくなるよ

仕かけの余計な操作

コツのコツ⑥

**仕かけを投入したら
とにかく最後まで集中**

つれなくなったときに起こしやすい間違った行動。そのときの状況に確信が持てないとあれこれと余計なことをしてしまいがちだ。

CHECK POINT!

あれこれとチェックしたり考えたりするのは、振り込み前まで。一度仕かけを投入したら、流し切るまでは、ウキの動きだけに集中すること

流し切ってアタリがなければ、再びそこから推察すればいいだけのこと

釣行のタイミング

コツのコツ⑦

つれる時間帯、季節を事前にチェックしよう

“管つり”には禁漁期がないといっても、いつでもつれるとは限らない。特に注意したいのは、放流のタイミングを除いてつれる時間帯とつれない時間帯があることだ。

CHECK POINT!

いくら朝マズメがつれる時間帯だといっても、水温の上がってこない冬の早朝ではほとんどつりにはならないだろう

管つりからの情報を頼りに事前に計画を立てることが大切

風対策

コツのコツ⑧

上流側から吹く風

このときばかりはポイントの真横に立つ。風に乗せて仕かけを投入。流す距離は短くなるが、確実にポイントへ投入できる

下流側から吹く風

風の吹くタイミングを計って、仕かけを風にのせて上流側のポイントに向けて投入する。難易度は上流からの風よりもかんたん。

山の中にある“管つり”のほとんどは、谷間を流れる川を利用している。そのため、風が吹き出すとつりにくくなってしまう。左の絵は風を味方にするコツ

ココがポイント!

▼ **さらに強い風が吹くとき…**

上流から吹いてきたときは、立ち位置をさらに上流側にする。下流側から吹いてきたときは、オモリを重くする手もあるが、その分エサの動きは悪くなる。

※上流側からではサカナに見つかりやすくなり、下流側ではアタリの数が減るので、どちらも上級のテクニックが必要となる。

ミャクづりにチャレンジしよう

ウキづりよりも実践的仕かけなので、正直にいえば、むずかしいつりになります。しかし、ウキを使わないこのつりでは、アタリがダイレクトに手元へ伝わるので、サカナとのヤリトリの興奮度は倍増することまちがいなし。せっかくサカナはたくさんいるのですから、ウキづりに満足したら、新たなつりにチャレンジしてみてはいかがでしょうか。

コツ①

サオ先→目印→オモリをできるだけ直線にキープ

コツ②

水中のイトのたるみに注目!!

コツ③

テンションがかかると流れにはのらない。たるませつつ直線をいかにキープするかが大切

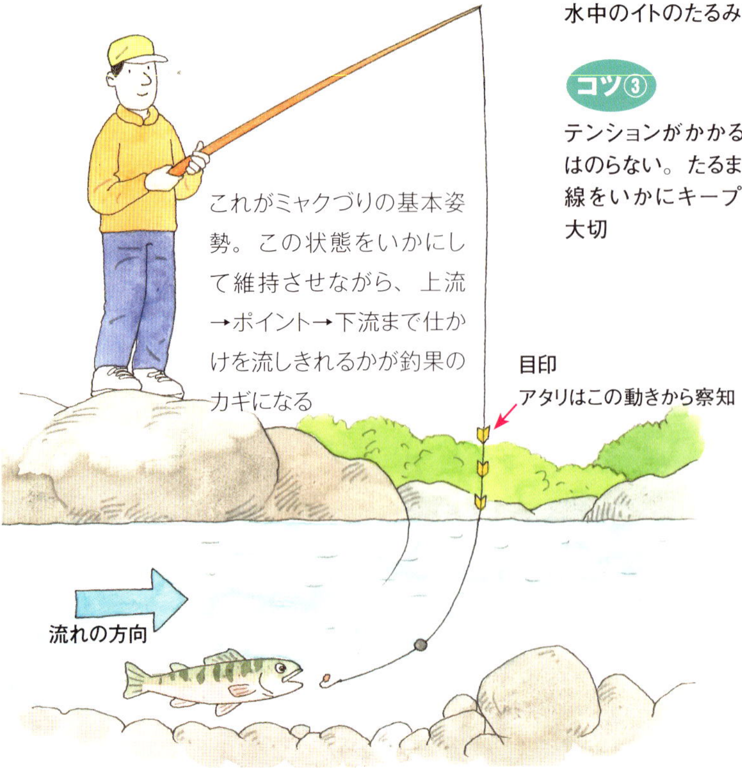
これがミャクづりの基本姿勢。この状態をいかにして維持させながら、上流→ポイント→下流まで仕かけを流しきれるかが釣果のカギになる
目印
アタリはこの動きから察知
流れの方向

☆オモリの調整

つりの世界には「ミャクづりは底をつれ」という格言があるとおり常に底を意識することが重要です。どうすればそれが可能か？　答えはオモリのウエイトにあります。

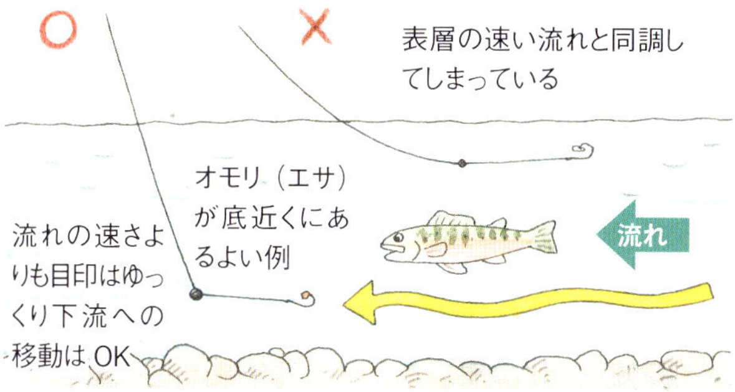

○と×の目安

もしも目印が流れの速さ（水面の動きから決める）と同じ速さで流れているなら、それはオモリが軽すぎて底まで届いていない証拠。なぜなら、水面近くと底付近では流れの速さは違っているからだ。

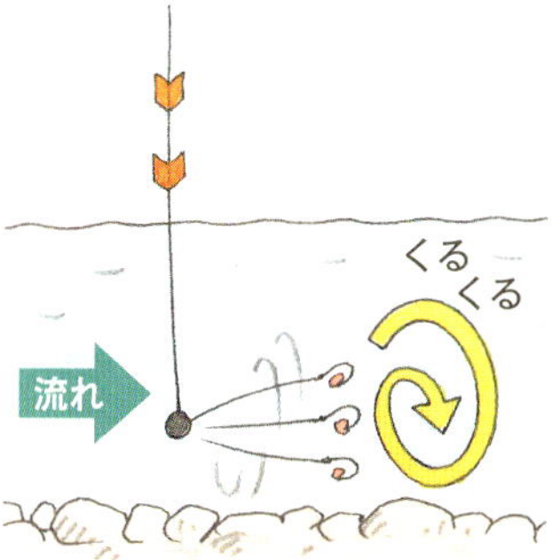

ウエイトが重すぎると

当然、オモリが重いと流れには乗らずに動かない。さらに余計な操作を加えると、石と石の間に沈み、最悪は根がかりに。

重すぎるときの悪いパターン

・目印が大きくブルブル震える→アタリとまちがいやすい
・オモリを起点にエサがクルクルと回転してしまう。

正確にタナ（底）をつかむ

タナ（底）は、サオの上下、つまり沈ませる仕かけの長さで調節。オモリが底へ着けば、おのずと仕かけは止まる。サオを下げる際の力加減は繊細に行う。

▼水深 40cm 以上の場合

底をつかむときは、繊細に徐々にサオを下げて根がかりを回避する。

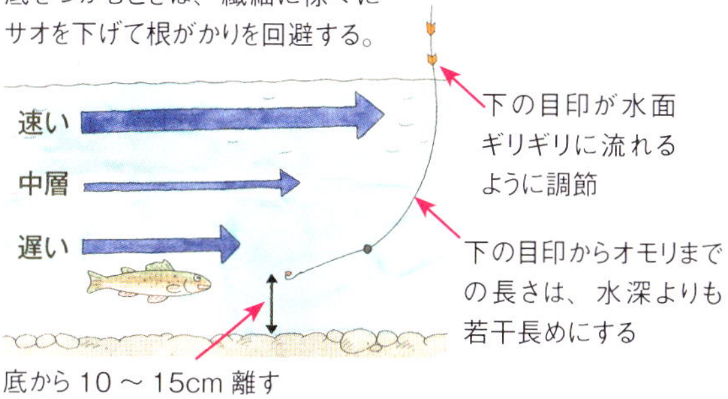

▼水深 40cm 以下の場合

中層を流すようにする。

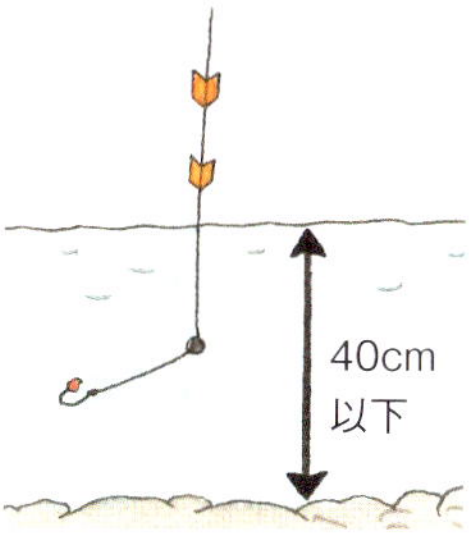

ミャクづりにチャレンジしよう

●仕かけの投入方法

振り込んだエサは、流れにのって下流へと流されていきます。もしポイントへ直接仕かけを振り込むようなことをすれば、当然、エサはサカナの頭上をただ流れてくだけになります。

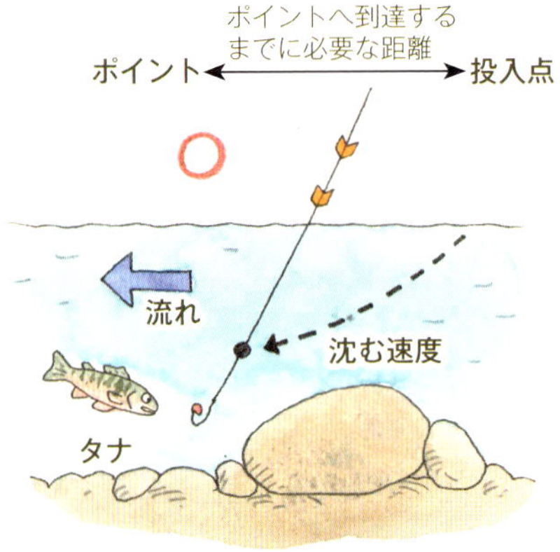

沈む速度から必要な距離は導けるが、初心者にはかなりむずかしい。何度か投入して探る方法もあるが、ポイントを荒さないためにも十分な距離を取っての投入が得策

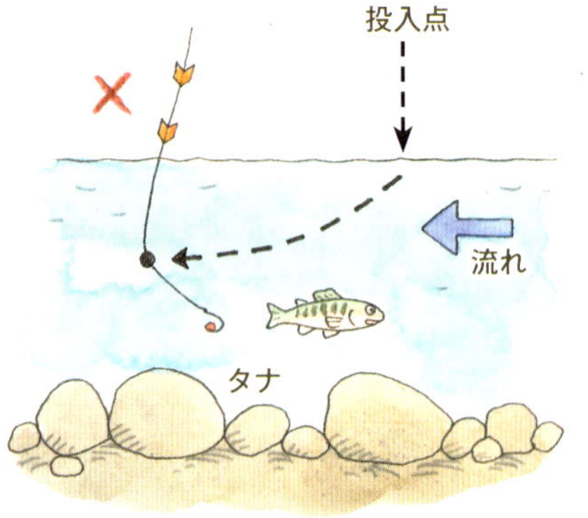

ポイント（サカナの真上）に投入してしまう典型的な失敗例。流れが緩やかな所はサカナが見やすいため、特にこのような失敗が繰り返されやすいポイントでもある

●エサの流し方

下の図は、オモリ（エサ）が底をトレースできているときの理想的なサオの穂先と目印の軌道を示したものです。

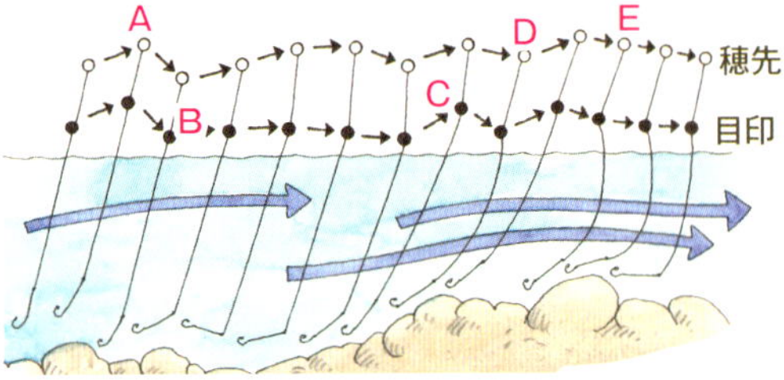

Aの位置ではサオ先を上げ、Bで落とし込んだ後はCまでサオ先はキープしている

D　コツコツと岩に当たる感触が伝わる

E　根がかりを回避するためにサオを操作

典型的な失敗例　流れにエサをうまくのせられない

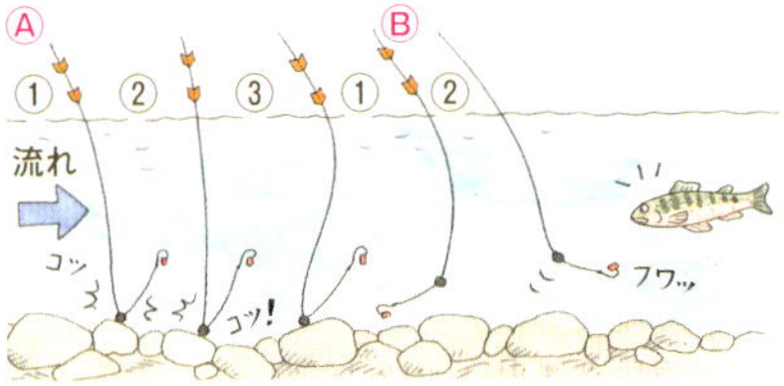

▼２つの共通点はサオの誤った操作にある

Ⓐ ①→③サオを送り込みすぎる

底を意識しすぎてサオを下げたままでいるとこの状態になり、オモリが底を小突き続けていてもわからない。サカナはこの音に驚いて逃げてしまう

Ⓑ ①→②仕掛けにブレーキがかかる

移動する目印よりサオの操作が遅れたときに起こる。仕かけが張ってしまい、エサは底付近を離れてしまう。エサの不自然な動きにサカナの警戒心は増す

●自然な流し方

「エサをいかにして自然に流すか」が渓流の管つりにおける大テーマです。渓流の複雑な流れに対してオモリの大小とサオの操作で、この大テーマにチャレンジしていきます。

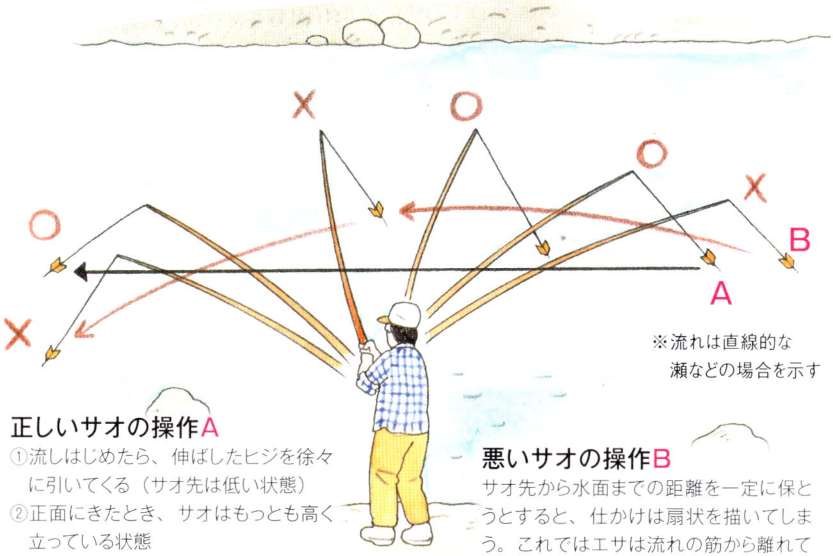

※流れは直線的な
瀬などの場合を示す

正しいサオの操作A

①流しはじめたら、伸ばしたヒジを徐々に引いてくる（サオ先は低い状態）
②正面にきたとき、サオはもっとも高く立っている状態
③移動する仕かけに向きを合わせながら、今度はヒジを伸ばしていき、サオ先を下げていく。これでエサの浮きあがりを防げる

悪いサオの操作B

サオ先から水面までの距離を一定に保とうとすると、仕かけは扇状を描いてしまう。これではエサは流れの筋から離れて不自然な動きになる

●アタリのパターン

魚種やポイントの流れの状況などにより、アタリの出方は様々ですが、図は典型的な目印への反応を示しています。

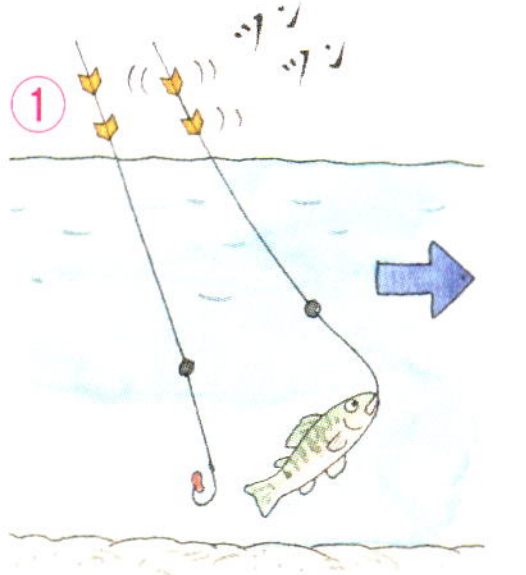

①“ツンツン”というアタリは、小物の場合が多い

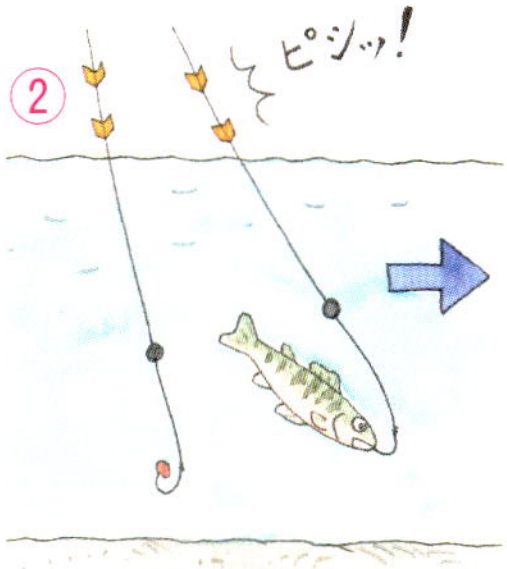

②急な引き込みはサカナがスレていない証拠。放流直後に多い

③目印が“ピタッ”と静止するようなアタリは、大物に多い

知っていて損はない、つりの基礎テク講座

糸と糸の結び方

ブラッドノット

①２本のイトを重ね、左側を３～４回巻きつけてから糸の間に通す。

②右側も同じようにしてから同じ間に通す。

③両サイドから引いて締め、余分をカットする。

電車結び

①２本のイトを重ねてから左側に輪を作り、その中を３～４回巻く。

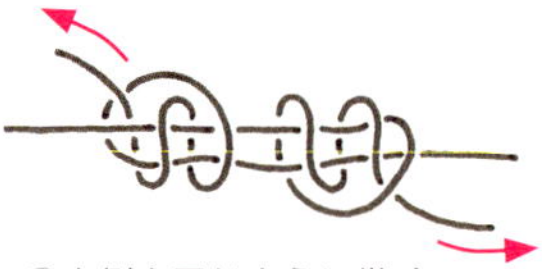

②右側も同じように巻く。

③両サイドから引いて締め、余分をカットする。

8の字結び

①２本のイトを重ねてから 10cmぐらいで折り返す。

②折り返しを２～３回撚ってから、一端の２本の輪の中かに通す。

③本イトだけを引いて締める。

ハリの結び方

本結び

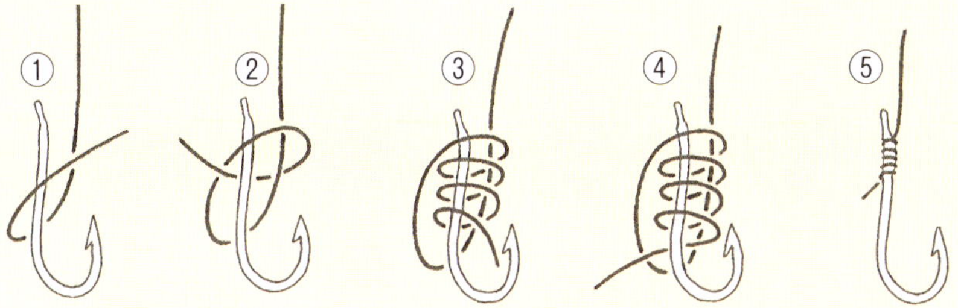

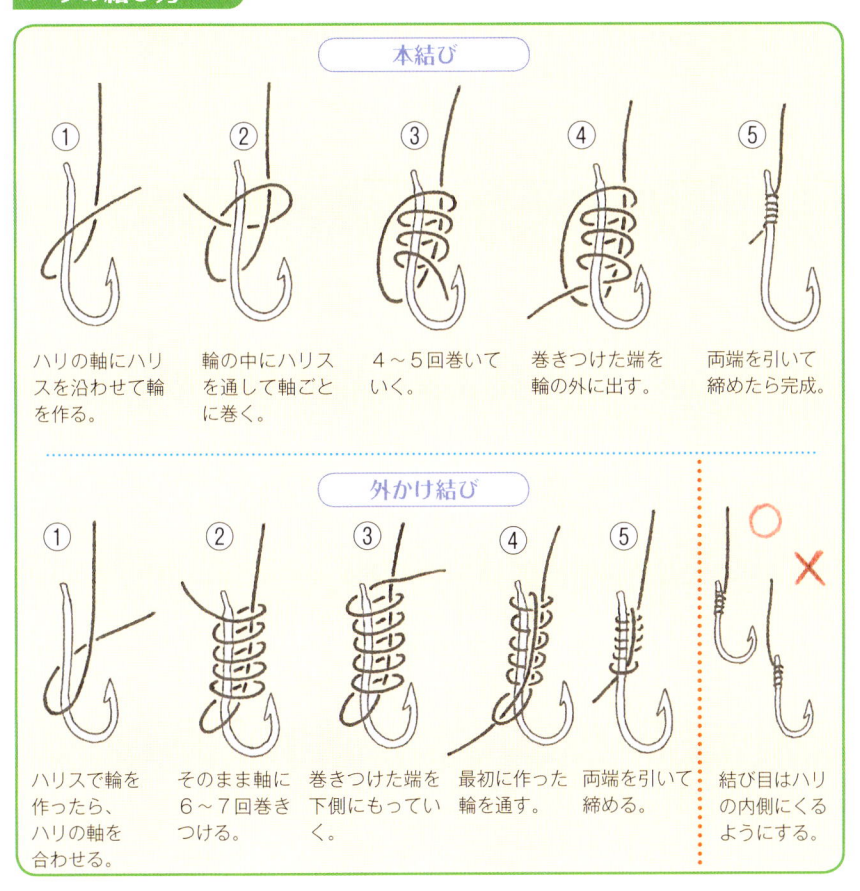

①ハリの軸にハリスを沿わせて輪を作る。

②輪の中にハリスを通して軸ごとに巻く。

③４～５回巻いていく。

④巻きつけた端を輪の外に出す。

⑤両端を引いて締めたら完成。

外かけ結び

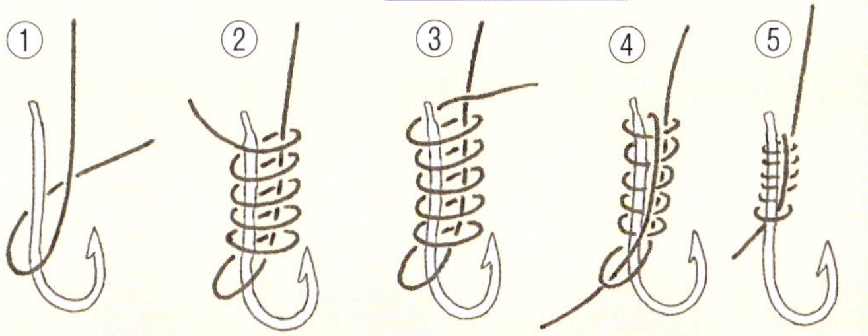

①ハリスで輪を作ったら、ハリの軸を合わせる。

②そのまま軸に６～７回巻きつける。

③巻きつけた端を下側にもっていく。

④最初に作った輪を通す。

⑤両端を引いて締める。

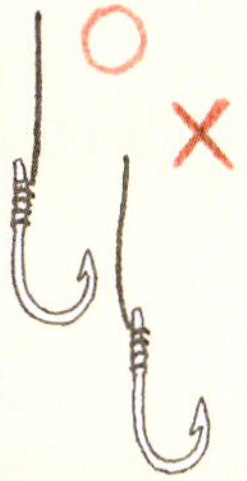

結び目はハリの内側にくるようにする。

遊動式の止め方（ウキ止め糸を使う）

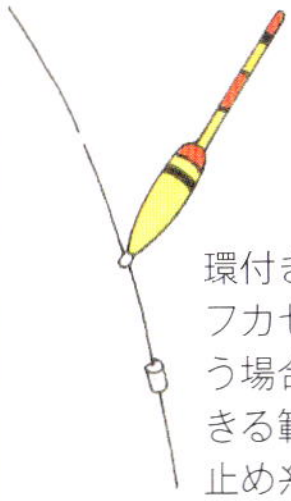

環付きのウキやフカセウキを使う場合、移動できる範囲はウキ止め糸によって決める。

ウキ止めの結び方

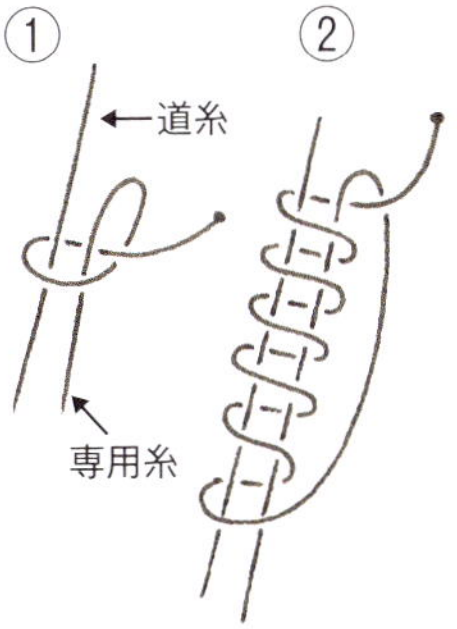

目印の種類

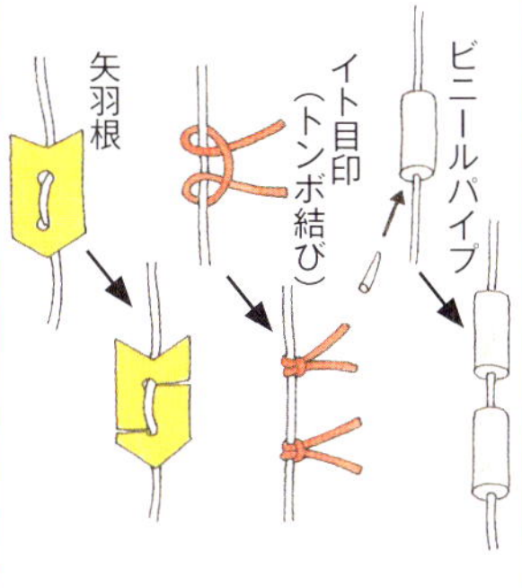

ヨリモドシの結び方

サルカンとナイロンの結び方のいろいろ

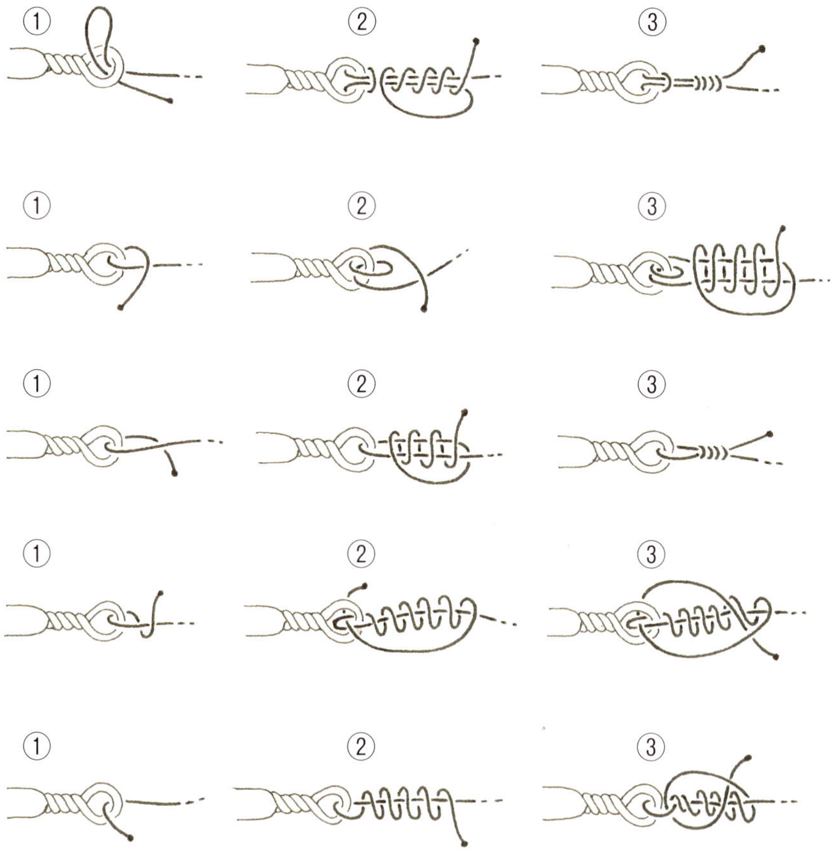

スプールと道糸の結び方

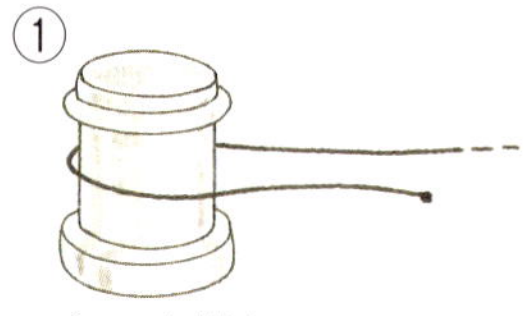

スプールに道糸
を巻きつける

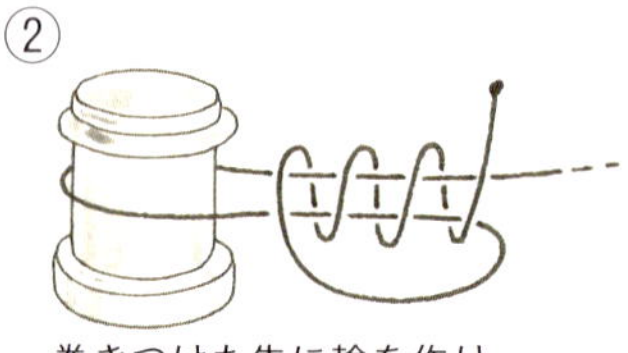

巻きつけた先に輪を作り、
図のように４～５回巻い
て、しっかりしめて完成

ハンドルの交換

通常では、右利きの人は左ハンドル（右腕でサオを操作）、左利きの人はその逆の右ハンドル（左腕でサオを操作）にセットする。

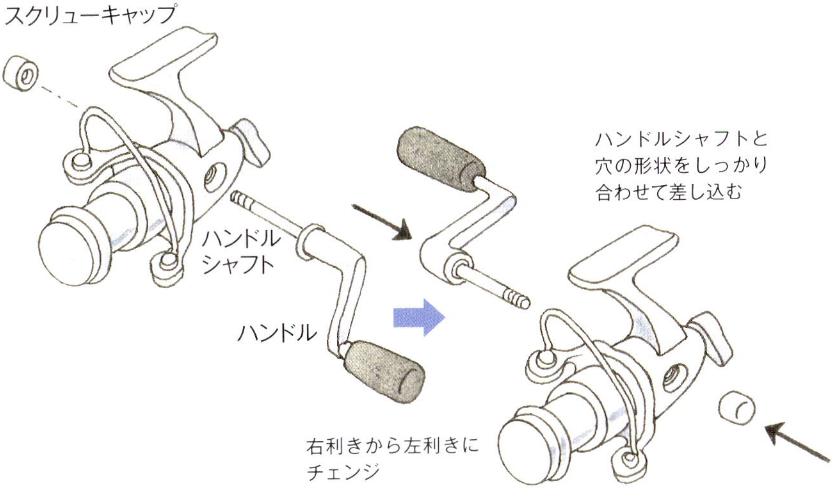

リールのメンテナンス

①濡れタオルで汚れや砂、塩分などをふきとる
②かわいたタオルで水気を切り、部品によってオイルを差しておく
※オイルを差してはいけない部品もあるので注意

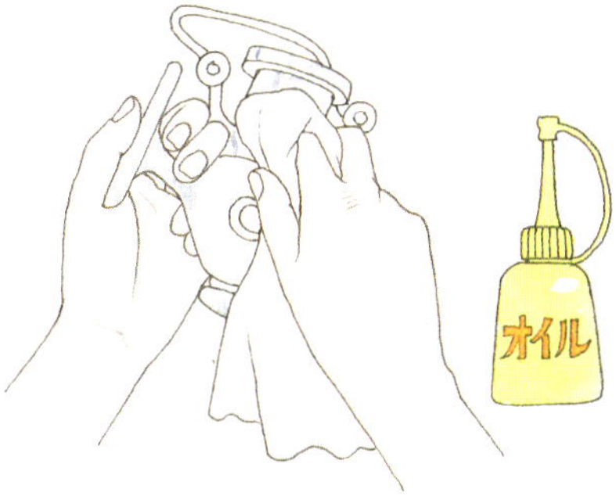

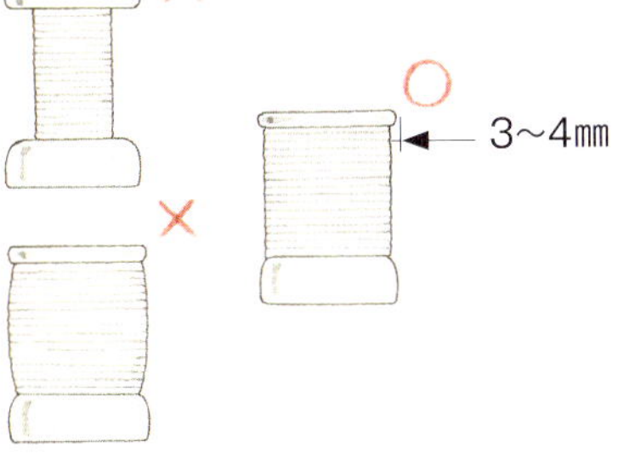

• スプールの適正量

×少ない場合
①キャストのときにスプールのエッジにこすれてしまい、イトを傷める。また、遠投ができない

×巻きすぎの場合
②キャストすると、イトがかたまりとなってガイドにからまってしまう

○適正量
③初心者はスプールのエッジから３～４㎜前後浅めに巻く

☆つり堀情報

つり堀は全国の都市や海、山などで営業されています。利用する際、飛び込みで遊ぶのもかまいませんが、施設によって、設定されているシステムには違いがあるので、事前にインターネットなどで調べておくことをオススメします。尚、それぞれの施設における基本データをここに紹介しておきます。これを元にチェックするのも一案でしょう。

室内つり堀（P48 ～）

・営業時間は？
8：00 ～ 19：00
※ナイターや 24 時間営業の所も有り

・料金システムは？
入場料とつり料が分けられていたり、2時間目以降は割り引きになっていたりと、そのシステムはかなり多用。

・特典（サービス）は？
ポイント制を導入している施設は多い。ポイントにはそれぞれ特典が設けられている。

・つったサカナは？
キンギョは匹数制限を設けて持ち帰りOKのところ有り。コイなど不可。

・その他に大切なこと
原則、道具やエサの持ち込みは不可。借りる道具（サオ、ウキ、イト、ハリ）の破損は、全て有料。

屋外つり堀（P70 ～）

・営業時間は？
7：00 ～ 17：00
※ナイター有り。早朝営業、また冬は営業が短い。

・料金システムは？
1日コース、半日コースなどに分れ、料金が設定されている。

・特典（サービス）は？
年間賞や施設独自の大会などを開催する所も有り。

・つったサカナは？
キンギョ以外のコイやヘラブナは貴重なため、原則、持ち帰りは不可。

・その他に大切なこと
レンタルは可能。ヘラブナについては、道具一式からエサなど、持参する人の方が多い。

海上つり堀（P80 ～）

・営業時間は？
7：00 ～ 14：00
※つり座抽選などがあるため、早めの到着を。

・料金システムは？
大人 10,000 円、女性 7,000 円、子ども 5,000 円が平均の設定。

・特典（サービス）は？
つったサカナを持ち帰るための〆めの作業をやってくれる。

・つったサカナは？
全て持ち帰り可。つれなかった場合、マダイなど1、2匹プレゼント

・その他に大切なこと
道具・エサは持ち込みOK。レンタルも可。発泡スチロールや氷、魚の内臓やウロコ取り、活けづくりなどは有料。

管理つり場（P106 ～）

・営業時間は？
日の出（朝マズメ）～日の入り（夕マズメ）
※ナイター有りもある。

・料金システムは？
1日 3,000 ～ 5,000 円が相場。半日券、時間券など有り。

・特典（サービス）は？
内臓・エラ取りなどをしてくれる所もある。

・つったサカナは？
持ち帰り可や、1匹ずつ買い取りなど、システムはまちまち。

・その他に大切なこと
道具・エサの持ち込みなどもいろいろ。つり方やエリアの貸し切りによっても、料金の設定は変わってくるので注意。

★チェックしてみよう 「つり情報サイト」
管理つり場・つり堀ガイド　http://fishing.nifty.com/kanritsuriba/
海上つり堀ガイド　http:// www .sakanaturi.jp

※ 2013 年 8 月現在

☆すぐに使える、つり用語集

【あ行】

あおる［アオる］	サカナを誘うのに、サオを上下させてエサを動かす動作。
あがる［アゴ］	サカナをつり上げること。
あご［アゴ］	ハリ先の逆向きに鋭い突起が出ている部分。「カエシ」ともいう。エサが取られるのを防いだり、ハリ先にかかったサカナがはずれないようにするためのもの。
あたり［アタリ］	サカナがエサに食いついたときに、ウキや糸、サオに現れる手ごたえ。
あぶれ［アブレ］	釣果のないこと。
あわせ［アワセ］	アタリがあったときに、サオを上げてサカナの口にハリをかけること。
いきえさ［生きエサ］	小魚、エビ、イソメ類など生きているエサのこと。
いっか［一荷］	一度に2匹以上のサカナがつれること。「れん（連）」ともいう。
いとなり［糸鳴り］	大物がかかったとき、サカナの抵抗で道糸が水を切るときの音。
いとふけ［糸フケ］	道糸がサオ先から水面までの間でたるむこと。
いれぐい［入れ食い］	仕かけを入れるたびにサカナがよくつれる状態。
うかす［浮かす］	ハリにかかったサカナを水面に浮かすこと。
うきした［ウキ下］	ウキからハリまでの間のこと。
うすい［薄い］	サカナの数が少ないこと。
うちこみ［打ちこみ］	狙ったポイントに仕かけを投入すること。ヘラブナつりでは、「打ちこむ」ことによって、「寄せ餌」の効果を上げるため、「寄せ餌」の意味も含む。
えさとり［エサ取り］	つりたいサカナ以外のサカナに、エサだけを取られてしまうこと。
えだはりす［エダハリス］	道糸の先ではなく、その途中にハリスを結ぶこと。「枝バリ」「枝ス」ともいう。
おちこみ［落ちこみ］	流れてきた水が、階段状の岩で小さい滝となり、流れが下に落ちてできる深み。
おまつり［オマツリ］	自分の仕かけが他のつり人の仕かけとからんでしまうこと。

【か行】

かえし［カエシ］	→アゴ
かかり［カカリ］	水中の障害物。ハリなどが障害物に引っかかること。
かけあがり［カケアガリ］	水中の深い所から浅い所に向かっていく斜面。サカナが集まりやすいポイントの1つ。
かっせい［活性］	サカナの行動力のこと。活発にエサをよく取る状態を「活性が高い」という。
かっつけ［カッツケ］	浅い水深のこと。または水面直下のこと。
からあわせ［空アワセ］	アタリがなくても、サオを上げてアワセてみる動作。サカナを誘う効果がある。
きーぷする［キープする］	つれたサカナをリリース（放す）せずに、ビクなどに入れておくこと。

きく［聞く］	アタリやアタリらしものを感じて、サオを上げて確かめてみること。
ぎじえ［擬似餌］	エサに似せて作られたルアーや毛バリのこと。「擬似バリ」ともいう。
きすい［汽水］	淡水と海水が混じり合った水。
きゃっち・あんど・りりーす［キャッチ・アンド・リリース］	つったサカナをやさしく逃がしてあげること。
くい［食い］	サカナがエサを食べること。
くいしぶり［食い渋り］	サカナの食いがすこぶる悪いこと。
くちぎれ［口ぎれ］	サカナの口が切れてハリがはずれ、サカナに逃げられてしまうこと。
けしこむ［消しこむ］	強いサカナの引きで、ウキが水中に引きずりこまれてしまうこと。
げどう［外道］	狙っている対象魚以外のサカナ。
こい［濃い］	サカナの数が多いこと。
こづく［小突く］	サオの操作によって、オモリで底をたたいてサカナを誘う動作。
ごぼうぬき［ゴボウ抜き］	畑でゴボウを抜くように、つったサカナを水中から一気に引き上げること。
こませ［コマセ］	サカナを集めてつりやすくするためにまくエサ。
こもの［小物］	小さいサカナの総称。
ころがし［コロガシ］	アユのスガケ（かけバリを底に沈めてアユを引っかけるつり方）の方法。

【さ行】

さおじり［サオ尻］	サオの根元。
さきおもり［先オモリ］	仕かけの先端にオモリがついていること。ミャクづり、枝バリ仕かけなどに用いる。
ささにごり［ササにごり］	雨の後、増水して川がうっすらと濁った状態。
さそう［誘う］	エサを動かしてサカナの気を引くこと。
ざらせ［ザラセ］	流れがゆるい瀬で、底が小石でおおわれている所。
さわり［サワリ］	水中の仕かけにサカナが触れたり、その付近を泳いだときにウキに出る反応。
じあい［時合い］	サカナの食いがもっとも活発になる時間帯。
しぇーど［シェード］	影のこと。
しめる［締める］	サカナの鮮度を保つために、つったサカナが弱らないうちにすぐ殺してしまうこと。「〆る」とも表記する。
しゃくり［シャクリ］	サカナを誘う動作で、サオをあおってエサをおどらせる。
すいこみ［吸いこみ］	サカナがエサをつついて吸いこんでいると、ハリも自然に口の中に入る仕かけの一種。そのハリを「吸いこみバリ」という。おもにコイつり用。
すれ［スレ］	サカナの口以外のところにハリがかかってしまうこと。

すかり［スカリ］	ビクの一種。主に海づりで使われることが多い。
すれる［スレる］	サカナがつり人や仕かけに対して、警戒心を増している様子。「スレっからし」ともいう。
せ［瀬］	川の流れが速く強い場所。
せがしら［瀬がしら］	ゆるい流れが波立って「瀬」になりだす所。
せじり［瀬じり］	「瀬」が静まってよどみや淵になる所。
せわき［瀬わき］	「瀬」の両側の流れのゆるい所。
そこだて［底だて］	底までの水深を把握し、それを仕かけに反映されること。
そこづり［底づり］	底にエサを下ろしてつること。
そこどり［底どり］	ウキ下をはかること。特にヘラブナつりでは重要な作業。エサ、またはオモリを底につけてつること。
そこをきる［底を切る］	底からエサを離すこと。

【た行】

たいしょうぎょ［対象魚］	つりの対象になるサカナ。狙うサカナ。
たかぎれ［タカギレ］	道糸の上のほうで糸が切れること。
たち［タチ］	水深のこと。
たな［タナ］	サカナの遊泳層のこと。
たま［タマ］	サカナをすくうアミ。タマアミのこと。
ためる［タメる］	サオを立ててサカナの動きに合わせて、サオの弾力とサカナの引く力のバランスをとりながらサカナの弱るのを待つ。
たも［タモ］	玉網のこと。取り込みのときに使う。
ちちわ［チチ輪］	道糸、ハリスを幹糸などに結ぶために作る輪結び。
ちもと［チモト］	ハリ先とは逆のハリの軸の部分。イトの結びめがぬけない形状になっている。
ちょうか［釣果］	つったサカナの大きさや量。
ちょんがけ［チョンがけ］	ハリにエサを少しだけ引っかける。
ちんしょう［沈床］	石やブロックなどを川岸の床に沈めたもの。増水による堤防の決壊を防ぐためのもの。サカナの寄り場の１つ。
つけえさ［つけエサ］	ハリにつけるエサ。寄せエサ（コマセ）と区別するためにこう呼ばれる。
つなぎ［ツナギ］	ねりエサを作るとき、いろいろな材料をねり固めるために使うもの。
つりざ［釣り座］	つりをするときに、つり人が確保する場所のこと。
ていい［定位］	サカナが水深のある層に留まっていること。「定位する」。
てがえし［手返し］	サカナの取り込み後、エサ付けから仕かけの再投入までの一連の動作。
でき［デキ］	その年に生まれたサカナ。当歳魚。
てじり［手尻］	サオの長さより仕かけが長いとき、サオ尻より長い部分の仕かけのこと。
てんしょん［テンション］	つりイトに負荷をかけて張りをもたせること。
とりこみ［取りこみ］	ハリにかかったサカナを手中におさめるまでの一連の作業。

とろば［トロ場］	［ツナギ］「トロ」ともいう。静かな淵、よどみで水通しのよい所。
とんぼ［トンボ］	主にミャクづりなどに使う目印（イトタイプ）を道糸に付けるときの結び方。

【な行】

なぎ［凪］	波も風もない静かな海。
なじむ［馴染む］	仕かけの投入後、沈んでいくエサ（仕かけ）が狙っている層に到達し、落ち着くこと。
なぶら［ナブラ］	海面に群れるサカナ。
ぬいざし［縫い刺し］	エサをハリに何度も通して縫うように刺す。特にミミズなど。
ぬめり［ヌメリ］	サカナの体表面の粘液。
ねがかり［根がかり］	仕かけが底の障害物などに引っかかってしまうこと。
ねんなし［年ナシ］	生きた年数がわからないほどの大物。
のうかん［納竿］	つりが終わってサオを納めること。シーズン最後のつりの意もある。
のじめ［ノジメ］	つった後、その場でサカナを殺すこと。
のっこみ［乗っ込み］	サカナが産卵ために深みから浅場へ移動してくること。
のび［ノビ］	つり糸が伸びること。

【は行】

ばあれ［場荒れ］	つり手が多くてつり場のサカナが少なくなったり、サカナがおびえて食わなくなったりすること。
ばけ［バケ］	疑似餌バリ。
はやあわせ［早アワセ］	アタリの瞬間に素早く合わせること。
ばらす［バラス］	いったんハリにかけたサカナに逃げられること。
はりす［ハリす］	ハリを結ぶ糸。
びく［ビク］	サカナを入れる容器。
ひろ［ヒロ］	おとなが両手を広げた長さ。約 1.5 m。
ふぃーばー［フィーバー］	サカナの活性が高く、仕かけの投入後、すぐに食ってくること。際限なくつれるさま。
ふかせづり［フカセづり］	軽めのオモリか、またはオモリをまったく使わないつり方。
ぶっこみづり［ブッコミづり］	リールなどで、遠方に仕かけを投げ込んでつるつり方。
ふところ［フトコロ］	岩の間や曲がり角にできる小規模なよどみ。またはハリの軸からハリ先まで。カーブしている部分。
ふらし［フラシ］	網でできたサカナ入れのこと。
ふりだしざお［振りだしザオ］	スライド式に伸びていくタイプのサオ。
ふるせ［フルセ］	1年魚が越年したもの。アユやワカサギなど。
へち［ヘチ］	池や川の岸際。
へびぐち［ヘビグチ］	サオ先にある道糸をくくる部分。
ぽいんと［ポイント］	狙い場。

ぼうず［ボウズ］　サカナが一匹もつれないこと。釣果がまったくないこと。

ほそしかけ［細仕かけ］　道糸やハリスが細い仕かけ。スレたサカナに有効だが、切られやすい短所もある。

ぽんぴんぐ［ポンピング］　サカナとのヤリトリの際、サオの反発力を利用してイトを回収する動作。

【ま行】

まきえさ［撒きエサ］　サカナを寄せるためにまくエサ。寄せエサ。

まづめ［マズメ］　サカナがよくエサを食べる時間帯。サカナがもっともつれやすい時間帯。日没後を“夕マズメ”、空が明るくなってから日の出までを“朝マズメ”という。

みちいと［道糸］　サオと仕かけを結ぶつり糸。

みづり［見づり］　サカナがハリのエサを食べるのを見ながらつること。サイトフィッシングともいう。

むこうあわせ［向こうアワセ］　アワセをしないのに、サカナのほうから勝手にハリにかかってしまうこと。

もじり［モジリ］　水面にサカナの動きでできる波紋。

もたれ［モタレ］　微妙な重さが手元に伝わるアタリのこと。

もちこむ［持ちこむ］　サカナが強く引いて、サオ先を水中に引き込むこと。

【や行】

やびき［矢引き］　矢を引くときの姿勢で左右の手の距離。１ヒロより短く、約90㎝。

やりとり［ヤリトリ］　かかったサカナとの攻防のこと。

よどみ［淀み］　流れが止まっているように見える所。

より［撚り］　単糸の場合、左右いずれかに巻きぐせがつくこと。

よりば［寄り場］　サカナが１か所に集まる場所。水温の低いときなど、湧き水や底近くの条件のよい所に寄り集まる。

【ら行】

りゅうしん［流心］　流れの中心部。

るあー［ルアー］　擬似エサ、擬似バリのこと。

れん［連］　２本バリに１匹ずつ、計２匹つれること。「一荷」ともいう。

【わ行】

わりびし［割りびし］　オモリの一種。オモリに割れ目が入って、そこにラインをはさんで固定する。

わんど［ワンド］　入江のこと。

著者:上田　歩（うえだ あゆむ）

1966年（昭和41年）東京生まれ。東京農業大学卒
フリーランス・フィッシングライター。小学生時代に友人からもらったライギョを飼育したことがきっかけで魚に興味を覚え、その後、クレイジークローラーというルアーの存在からブラックバスを知ったオタクな飼育少年は、その魚に魅せられ、やがてはルアーフィッシングに夢中になる。また、学生時代から始めたフライフィッシングでは、特に北海道での釣りが今でも珠玉の記憶として残こる。大学卒業後、3年間のブランクをおいてフリーのライターに。単行本やムック、雑誌等で執筆を行う。現在では、ルアー、フライ・フィッシングをライフスタイルの中心におき、“釣れる釣り”を展開中。主な著書や連載物に『超かんたん! 家族・親子つり入門』土屋書店　『川釣り』、『釣り大事典』・小学館　『フライフィッシング完全マスター』・青春出版社　『初めての川釣り』・海悠出版　『どーんと釣る』共同通信社など、ほかにも雑誌等で執筆。本人は決してルアーを疑似餌と解釈せずに“誘惑物”と捉えている。

■著者　上田　歩
■カバーデザイン　玉川布美子
■アートディレクション　秋葉勇人デザイン室
■本文デザイン・DTP　温水久夫（PACE Design Office）
■イラスト　角　慎作　松島ひろし　もりなをこ
■構成　ビーアンドエス

はじめてでもよくつれる!
つり堀攻略BOOK
つり堀の教科書

著　者　上田　歩
編　集　ビーアンドエス
発行者　田仲豊徳
印刷・製本　日経印刷株式会社
発行所　株式会社滋慶出版 / 土屋書店
東京都渋谷区神宮前3−42−11
TEL.03−5775−4471　FAX.03−3479−2737
http://tuchiyago.co.jp　E-mail:shop@tuchiyago.co.jp

この本に関するお問合せは、書名・氏名・連絡先を明記のうえ、上記のFAXまたはメールアドレスへお寄せください。なお、電話でのご質問はご遠慮くださいませ。またご質問内容につきましては「本書の正誤に関するお問合せ」のみとさせていただきます。あらかじめご了承ください。